영재학급, 영재교육원, 경시대회 준비를 위한

창의사고력
초등 수학

팩토

Lv. **4**

기본 **A**

이 책의 구성과 특징

개념학습

'창의사고력 수학' 여기서부터 출발!!
다양한 예와 그림으로 알기 쉽게 설명해 주는
개념학습, 개념을 바탕으로 풀 수 있는 핵심
예제 가 소개됩니다.
생각의 방향을 잡아 주는 *강의노트 를 따라
가다 보면 어느새 원리가 머리에 쏙쏙!

유형탐구

창의사고력 주요 테마의 각 주제별 대표유형
을 소개합니다.
한발 한발 차근차근 단계를 밟아가다 보면
문제해결의 실마리를 찾을 수 있습니다.

확인문제

개념학습과 유형탐구에서 익힌 원리를 적용
하여 새로운 문제를 해결해가는 확인문제입
니다.
핵심을 콕콕 집어 주는 친절한 Key Point를
이용하여 문제를 해결하고 나면 사고력이
어느새 성큼! 실력이 쑥!

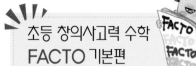 

초등 창의사고력 수학
FACTO 기본편

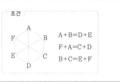

창의사고력 다지기

앞에서 익힌 탄탄한 기본 실력을 바탕으로
창의력·사고력을 마음껏 발휘해 보세요.
창의적인 생각이 논리적인 문제해결 능력으로
완성됩니다.

바른 답·바른 풀이

바른 답·바른 풀이와 함께
문제를 쉽게 접근할 수 있는 방법이 상세하게
제시되어 있습니다.

이 책의 차례

서로 다른 펜토미노 조각 퍼즐을 맞추어 직사각형 모양을 만들어 본 경험이 있는지요?

한참을 고민하여 스스로 완성한 후 느끼는 행복은 꼭 말로 표현하지 않아도 알겠지요. 퍼즐 놀이를 했을 뿐인데, 여러분은 펜토미노 12조각을 어느 사이에 모두 외워버리게 된답니다. 또 보도블록을 보면서 조각 맞추기를 하고, 화장실 바닥과 벽면의 조각들을 보면서 멋진 퍼즐을 스스로 만들기도 한답니다.
이 과정에서 공간에 대한 감각과 또 다른 퍼즐 문제, 도형 맞추기, 도형 나누기에 대한 자신감도 생기게 되지요. 완성했다는 행복감보다 더 큰 자신감과 수학에 대한 흥미가 생기게 되는 것입니다.

팩토가 만드는 창의사고력 수학은 바로 이런 것입니다.

수학 문제를 한 문제 풀었을 뿐인데, 그 결과는 기대 이상으로 여러분을 행복하게 해줍니다. 학교에서도 친구들과 다른 멋진 방법으로 문제를 해결할 수 있고, 중학생이 되어서는 더 큰 꿈을 이루는 밑거름이 되어 줄 것입니다.
물론 고민하고, 시행착오를 반복하는 것은 퍼즐을 맞추는 것과 같이 여러분들의 몫입니다. 팩토는 여러분에게 생각할 수 있는 기회를 주고, 그 과정에서 포기하지 않도록 여러분들을 도와주는 친구일 뿐입니다. 자 그럼 시작해 볼까요?
팩토와 함께 초등학교에서 배우는 기본을 바탕으로 창의사고력 10개 테마의 180주제를 모두 여러분의 것으로 만들어 보세요.

I 수와 연산

수와 연산

01 수 배열 퍼즐

개념학습 수 사이의 숫자 개수가 주어진 배열

① 다음은 1과 1 사이에 1장, 2와 2 사이에 2장, 3과 3 사이에 3장의 숫자 카드가 있도록 나열한 것입니다.

| 2 | 3 | 1 | 2 | 1 | 3 |

② 수 사이의 숫자 개수가 주어진 배열을 만들 때에는 숫자가 클수록 숫자를 넣을 수 있는 방법의 가짓수가 적으므로 큰 숫자부터 순서대로 조건에 맞게 수를 넣습니다.

1을 넣는 경우 ➡ 4가지

1		1		
	1		1	
		1		1
			1		1

2를 넣는 경우 ➡ 3가지

2			2		
	2			2	
		2			2

3을 넣는 경우 ➡ 2가지

| 3 | | | | 3 | |
| | 3 | | | | 3 |

예제

1, 2, 3, 4가 각각 2개씩 있을 때, 숫자 1 사이에는 1개, 숫자 2 사이에는 2개, 숫자 3 사이에는 3개, 숫자 4 사이에는 4개의 숫자를 넣는 방법으로 8개의 숫자를 한 줄로 배열하시오.

| | | | | | | | | 또는 | | | | | | | | |

강의노트

① 1, 2, 3, 4가 각각 2개씩 있을 때, 2개의 4 사이에 4개의 숫자가 들어가는 경우는 모두 [ ]가지 입니다. 또, 각각의 경우 2개의 3 사이에 3개의 숫자가 들어가는 경우는 [ ]가지씩 있습니다.

4				4		
4					4	
	4					4

↓   ↓   ↓

| 4 | | 3 | | 4 | 3 | |
| 4 | 3 | | | 4 | | 3 |

| 4 | | | | | 4 | |
| 4 | | | | | 4 | |

| | 4 | | | | | 4 |
| | 4 | | | | | 4 |

② 각각의 경우 두 개의 2 사이에 2개의 숫자, 두 개의 1 사이에 1개의 숫자가 들어가도록 배열해 보면 가능한 경우는 다음의 2가지입니다.

| 4 | | | 3 | | | 4 | 3 | | | | | | | | | |

[개념학습] **수 사이의 수의 합이 주어진 배열**

① 다음은 4와 5 사이에 놓인 수의 합이 4, 2와 3 사이에 놓인 수의 합이 6이 되도록 1에서 5까지의 수를 나열한 것입니다.

$$\lceil 3+1=4 \rceil$$

| 4 | 3 | 1 | 5 | 2 |

$$\lfloor 1+5=6 \rfloor$$

② 수 사이의 수의 합이 주어진 배열을 구할 때에는 두 수 사이에 있는 수의 합이 가장 큰 경우를 먼저 따져 봅니다.

[예제] 다음 |조건|에 맞게 1에서 7까지의 수를 배열하시오.

> 조건
> 1. 1과 6 사이의 수들의 합은 11입니다.
> 2. 2와 5 사이의 수들의 합은 18입니다.
> 3. 3과 4 사이의 수들의 합은 3입니다.

| | | | | | | | 또는 | | | | | | | |

[강의노트]

① 1에서 7까지의 수의 합은 28입니다. 조건 2에서 2와 5 사이의 수의 합은 [ ] 이므로 2와 5를 포함하면 25입니다. 따라서 2와 5 밖에 있는 수는 28− [ ] = [ ] 입니다.

```
┌───── 2+18+5=25 ─────┐
│ 2 │   18   │ 5 │
```

| 2 | | | | | 5 | | 5 | | | | | 2 | |
| | 2 | | | | 5 | | 5 | | | | 2 | |

② 조건 3에서 3과 4 사이의 수의 합은 3이므로 3과 4 사이에는 [ ], [ ] 가 들어갑니다.

| | 2 | | | 5 | 5 | | | | 2 |

③ 조건 1에 맞게 남은 수를 모두 넣으면 다음과 같습니다.

| | | | | | | | | | | | | | | |

유형 01-1 수 퍼즐

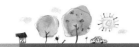

다음 그림에서 □ 안의 수는 선으로 이어진 ○ 안의 수들의 합을 나타냅니다. ㉠~㉧에 알맞은 수를 구하시오. (단, ○ 안의 수는 1에서 9까지의 자연수이고, 중복하여 쓸 수 있습니다.)

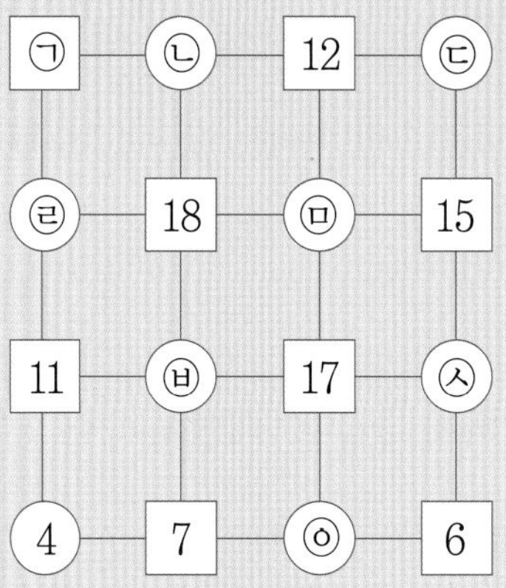

1 오른쪽 그림에서 4+㉥+㉧=7입니다. ㉥과 ㉧에 알맞은 두 수는 무엇입니까?

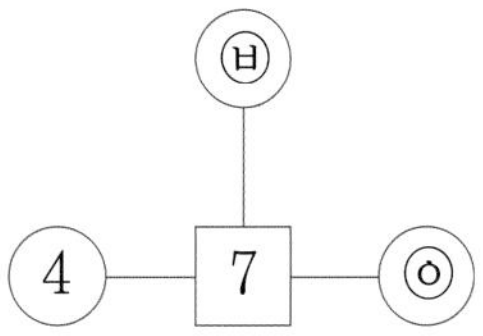

2 ㉥과 ㉧에 알맞은 수를 넣어 ㉦+㉧=6, ㉤+㉥+㉦+㉧=17을 만족하는 ㉤, ㉥, ㉦, ㉧의 값을 각각 구하시오.

3 ㉤, ㉥, ㉦, ㉧의 값을 이용하여 나머지 문자가 나타내는 수를 각각 구하시오.

1 그림의 □와 ○ 안에 1에서 6까지의 수를 한 번씩만 써넣어 ○ 안의 수가 양쪽 옆의 □ 안의 두 수의 합이 되게 만드시오. (단, 뒤집거나 돌려서 같아지는 것은 한 가지로 봅니다.)

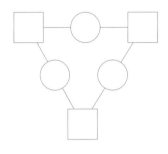

2 선으로 연결된 곳에는 연속한 두 수(예를 들어, 1과 2, 5와 6)가 오지 않도록 1에서 6까지의 수를 ○ 안에 한 번씩 써넣으시오.

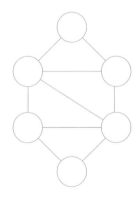

연결된 선이 가장 많은 ○ 안에 연속한 수가 가장 적은 1과 6을 써넣습니다.

다음 |조건|을 만족시키는 일곱 자리의 행복한 수 중에서 가장 큰 수를 구하시오.
(단, 행복한 수는 7개의 자연수로 이루어집니다.)

조건
ⓐ 7개의 숫자를 모두 더하면 30이 됩니다.
ⓑ 같은 숫자를 두 번 이상 쓸 수 없습니다.
ⓒ 가운데 숫자는 행운의 숫자 7입니다.
ⓓ 7개의 숫자 중 가장 큰 숫자가 가장 앞의 숫자입니다.
ⓔ 왼쪽에서 여섯째 번 숫자는 마지막 숫자의 3배이고, 셋째 번
숫자와 넷째 번 숫자의 차는 다섯째 번 숫자입니다.

1 조건 ⓐ, ⓑ, ⓒ을 보고, 사용할 수 있는 7개의 숫자를 모두 구하시오.

2 조건 ⓓ을 보고, 가장 앞의 숫자를 구하시오.

3 조건 ⓔ을 보고, 여섯째 번 숫자가 마지막 숫자의 3배가 되는 두 숫자를 각각 구하시오.

4 셋째 번 숫자와 넷째 번 숫자의 차가 다섯째 번 숫자와 같은 수 중 가장 큰 일곱 자리 수를 구하시오.

1 다음 |조건|을 만족하는 수 중 가장 작은 일곱 자리 수를 구하시오.

> ┌ 조건 ┌
> ㉠ 1부터 7까지의 숫자를 쓰는데, 같은 숫자를 두 번 이상 쓸 수 없습니다.
> ㉡ 가장 큰 숫자가 맨 뒤의 숫자입니다.
> ㉢ 가운데 숫자는 양끝의 숫자의 차와 같습니다.
> ㉣ 맨 앞의 숫자는 5입니다.
> ㉤ 왼쪽에서 여섯째 번 숫자와 가운데 숫자의 합은 맨 앞의 숫자와 같고, 왼쪽에서 둘째 번과 셋째 번 숫자의 차는 여섯째 번 숫자와 같습니다.

◦ Key Point

숫자의 위치가 정해진 곳부터 차례대로 채워 나갑니다.

2 두 수 사이의 수의 합이 다음과 같도록 1에서 9까지의 수를 빈 칸에 알맞게 배열하시오.

구분	1과 3 사이	3과 6 사이	6과 7 사이	7과 9 사이
수의 합	5	8	21	29

두 수 사이의 합이 큰 경우부터 따져 봅니다.

1 1에서 6까지의 수를 이웃한 두 수의 합이 마주 보는 두 수의 합과 같도록 배열하려고 합니다. 1에서 6까지의 수를 |조건|에 맞게 배열하시오.

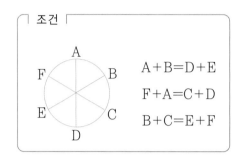

조건

$A+B=D+E$

$F+A=C+D$

$B+C=E+F$

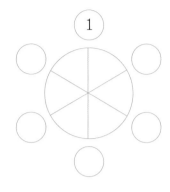

2 1에서 5까지의 수를 사용하여 |보기|와 같이 화살표의 시작점에 있는 수가 화살표의 끝점에 있는 수보다 작게 되도록 ◯ 안에 알맞게 써넣으시오. (단, |보기|는 제외합니다.)

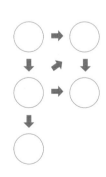

보기

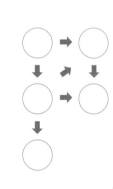

3 1에서 9까지의 수를 한 번씩만 사용하여 다음 |조건|에 맞는 아홉 자리 수 중 가장 작은 수를 구하시오.

> 조건
> ㉠ 1과 3 사이의 수의 합은 11입니다.
> ㉡ 4와 6 사이의 수의 합은 8입니다.
> ㉢ 7과 8 사이의 수의 합은 19입니다.
> ㉣ 8과 9 사이의 수의 합은 26입니다.

4 ⬚3, ⬚4, ⬚5, ⬚6, ⬚7, ⬚9 의 숫자 카드가 있습니다. 숫자 카드를 한 번씩만 사용하여 |조건|에 맞게 다음 그림을 완성하시오.

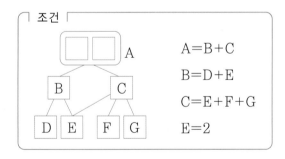

A=B+C
B=D+E
C=E+F+G
E=2

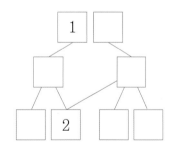

개념학습 **덧셈 복면산**

① 숫자의 일부나 전부가 문자나 기호로 나타나 있는 식을 복면산이라고 합니다.

복면산에서 같은 문자는 같은 숫자, 다른 문자는 서로 다른 숫자를 나타내고, 가장 앞자리의 문자나 기호가 나타내는 숫자는 0이 아닙니다.

② 덧셈 복면산에서는 덧셈 결과의 가장 높은 자리 숫자부터 알아봅니다.

다음 두 자리 수의 덧셈식에서 계산 결과의 백의 자리 숫자 ●는 반드시 1이 되고, ■는 1 또는 2가 됩니다.

예제 다음 식에서 가, 나, 다가 나타내는 숫자를 각각 구하시오.

$$
\begin{array}{r}
가가 \\
가나 \\
+\ 다가 \\
\hline
가\ 가\ 가
\end{array}
$$

강의노트

① 세 수의 합의 백의 자리 숫자 가가 나타내는 숫자는 ☐ 또는 ☐ 입니다.

② 가가 1 또는 2일 때, 십의 자리 숫자 가, 가, 다의 합은 항상 20보다 작으므로 가는 ☐ 입니다.

$$
\begin{array}{r}
가가 \\
가나 \\
+\ 다가 \\
\hline
가\ 가\ 가
\end{array}
$$

③ 가의 값을 넣어 식을 다시 쓰면 다음과 같습니다. 따라서 나=☐, 다=☐ 입니다.

$$
\begin{array}{r}
1\ 1 \\
1\ 나 \\
+\ 다\ 1 \\
\hline
1\ 1\ 1
\end{array}
$$

개념학습 | 이중 복면산

이중 복면산은 복면산을 이루는 글자들이 의미 있는 단어가 되는 교묘한 퍼즐입니다.
다음은 20세기 최고의 퍼즐리스트 중 한 사람인 헨리 듀드니의 작품으로 〈Strand Magazine〉
1924년 7월호에 실린 문제입니다.

```
   SEND
 + MORE
 ------
  MONEY
```

예제   같은 알파벳은 같은 숫자, 다른 알파벳은 서로 다른 숫자를 나타낼 때, 각 알파벳이 나타내는 숫자를 구하시오. (단, E=5, S=9입니다.)

```
   SEND
 + MORE
 ------
  MONEY
```

강의노트

① 계산 결과의 가장 높은 자리 숫자인 M은 [ ] 이고, 조건에 E=5, S=9라 하였으므로 알고 있는 숫자를 식에 넣으면 오른쪽과 같습니다.

```
   95ND
 + 1OR5
 ------
  1ON5Y
```

② 천의 자리 덧셈에서 O는 [ ] 또는 1인데, M은 1이므로 O는 [ ] 입니다.

③ 백의 자리 덧셈에서 N은 5가 될 수 없으므로 [ ] 이고, 십의 자리 덧셈에서 R는 9가 될 수 없으므로 [ ] 입니다.

```
   95ND
 + 10R5
 ------
  10N5Y
```

④ 일의 자리 덧셈에서 D+5는 10보다 커야 하므로 남은 수 중에서 D가 될 수 있는 수는 [ ] 입니다. 따라서 Y는 [ ] 입니다.

```
   956D
 + 1085
 ------
  1065Y
```

유형 O2-1 복면산(1)

팩토 4-기본 A

다음 식에서 같은 문자는 같은 숫자를 나타내고, 다른 문자는 서로 다른 숫자를 나타냅니다. A, B, C가 나타내는 숫자를 각각 구하시오.

$$
\begin{array}{r}
A\ B \\
\times\ \ A\ B \\
\hline
B\ C \\
A\ B \\
\hline
A\ C\ C
\end{array}
$$

1 다음 식에서 AB×A=AB입니다. A가 나타내는 숫자는 무엇입니까?

$$
\begin{array}{r}
A\ B \\
\times\ \ A\ B \\
\hline
B\ C \\
A\ B \\
\hline
A\ C\ C
\end{array}
$$

2 다음 1B×1B의 곱셈식에서 1B×B=BC이므로 B×B=C입니다. 또, B+B=C입니다. 이때, B와 C가 나타내는 숫자를 각각 구하시오.

$$
\begin{array}{r}
1\ B \\
\times\ \ 1\ B \\
\hline
B\ C \\
1\ B \\
\hline
1\ C\ C
\end{array}
\qquad
\begin{array}{r}
1\ B \\
\times\ \ 1\ B \\
\hline
B\ C \\
1\ B \\
\hline
1\ C\ C
\end{array}
$$

확인문제

○ **Key Point**

가에 들어갈 수 있는 숫자를 먼저 알아봅니다.

1 다음 식에서 가, 나는 서로 다른 숫자를 나타냅니다. 숫자 가, 나가 나타내는 숫자를 각각 구하시오. (단, 2가지 경우가 있습니다.)

$$
\begin{array}{r}
가\,가\,가 \\
\times \qquad 가 \\
\hline
나\,나\,나
\end{array}
$$

2 다음 식에서 가와 나는 서로 다른 숫자입니다. 가×나의 값을 구하시오. (단, □ 안에 4는 들어갈 수 없습니다.)

가 나 × 나 = □□4를 만족하려면 나=2 또는 나=8입니다.

$$
\begin{array}{r}
가\ 나 \\
\times\quad 나\ 가 \\
\hline
\square\ \square\ 4 \\
\square\ \square\ 4 \\
\hline
\square\ \square\ \square\ 4
\end{array}
$$

다음 곱셈식에서 가, 나, 다, 라는 0에서 9까지의 서로 다른 숫자를 나타냅니다. 가, 나, 다, 라가 나타내는 숫자를 각각 구하시오.

$$
\begin{array}{r}
가\ 나\ 다\ 라 \\
\times \qquad 9 \\
\hline
라\ 다\ 나\ 가
\end{array}
$$

1 곱해지는 수의 천의 자리 숫자 가에 알맞은 숫자는 무엇입니까?

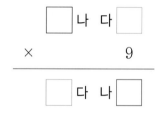

2 라와 9의 곱의 일의 자리 숫자는 가입니다. 라에 알맞은 숫자는 무엇입니까?

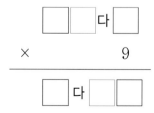

3 백의 자리 숫자 나와 9의 곱은 올림이 없습니다. 나에 알맞은 숫자는 무엇입니까?

4 다에 알맞은 숫자는 무엇입니까?

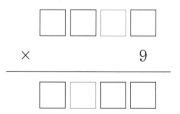

확인문제

1 다른 문자는 서로 다른 숫자를 나타냅니다. 다음 식에서 네 자리 수 ㄱㄴㄷㄹ을 구하시오.

> ㄱㄴㄷㄹ + ㄱㄴㄷㄹ + ㄱㄴㄷㄹ + ㄱㄴㄷㄹ = ㄹㄷㄴㄱ

Key Point

ㄱ이 나타내는 숫자는 1 또는 2입니다.

2 A, B, C 는 서로 다른 숫자를 나타냅니다. A, B, C가 나타내는 숫자를 각각 구하시오.

$$
\begin{array}{r}
A\ B \\
\times\quad A \\
\hline
C\ C\ C
\end{array}
$$

곱의 결과가 한 가지 숫자로만 이루어져 있으므로 111, 222, 333, ... 을 넣어 계산해 봅니다

1 다음 덧셈식에서 같은 문자는 같은 숫자를 나타내고, 다른 문자는 다른 숫자를 나타냅니다. A+B+C의 값을 구하시오.

$$ABC+ABC+ABC=777$$

2 다음 곱셈식에서 가, 나, 다, 라, 마, 바, 사는 서로 다른 숫자입니다. 네 자리 수 마바사나를 구하시오.

```
      가 나
  ×   다 나
  ─────────
    3 다 나
  1 나 라
  ─────────
  마 바 사 나
```

3 다음 식에서 ㄱ, ㄴ, ㄷ은 각각 0에서 9까지의 서로 다른 숫자를 나타냅니다. ㄱ, ㄴ, ㄷ이 나타내는 숫자를 각각 구하시오.

$$
\begin{array}{r}
\text{ㄱ ㄴ ㄱ} \\
- \quad \text{ㄷ ㄱ} \\
\hline
\text{ㄱ ㄴ}
\end{array}
$$

4 다음 식에서 서로 다른 문자는 서로 다른 숫자를 나타냅니다. 덧셈식을 숫자로 나타냈을 때, 두 수의 합 GOOD가 될 수 있는 수를 모두 구하시오.

$$
\begin{array}{r}
\text{B A D} \\
+ \quad \text{B A D} \\
\hline
\text{G O O D}
\end{array}
$$

개념학습 ## 괄호 넣기

① ( )가 없고 덧셈, 뺄셈, 곱셈, 나눗셈이 섞여 있는 식에서는 곱셈이나 나눗셈을 먼저 계산합니다.

② ( )와 { }가 섞여 있는 식에서는 ( ) 안을 먼저 계산하고, 다음에 { } 안을 계산합니다.

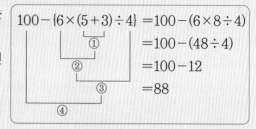

$$100 - \{6 \times (5+3) \div 4\} = 100 - (6 \times 8 \div 4)$$
$$= 100 - (48 \div 4)$$
$$= 100 - 12$$
$$= 88$$

③ 덧셈, 뺄셈, 곱셈, 나눗셈이 섞여 있는 식에서 괄호의 위치에 따라 여러 가지 계산 결과가 나올 수 있습니다.

$$3 + 2 \times 4 - 2 \div 2 = 10 \qquad 3 + (2 \times 4 - 2) \div 2 = 6$$
$$(3+2) \times 4 - 2 \div 2 = 19 \qquad 3 + 2 \times (4 - 2 \div 2) = 9$$
$$3 + 2 \times (4-2) \div 2 = 5 \qquad \cdots$$

예제 다음 식에 ( )를 한 번만 넣어 등식이 성립하도록 만들어 보시오.

$$17 - 5 + 9 \div 3 \times 2 = 1$$

강의노트

어떤 수를 2배 하여 1이 될 수 없으므로 계산 결과가 1이 되려면 17에서 ☐을 빼어야 합니다.

$5 + 9 \div 3 \times 2$의 결과가 ☐이 되도록 괄호를 넣으면 $\boxed{5 + 9 \div 3 \times 2}$ 이므로

$\boxed{17 - 5 + 9 \div 3 \times 2 = 1}$ 입니다.

유제 다음 식에 ( )를 한 번 써넣어 계산 결과가 가장 클 때의 값을 구하시오.

$$5 + 8 - 6 \div 2 \times 3$$

개념학습 **4개의 4**

① 4개의 숫자 4와 여러 가지 수학 기호를 사용하여 1에서 100까지의 수를 만드는 퍼즐을 포포즈 라고 합니다.

② 4개의 숫자 4와 +, −, ×, ÷, ( )를 사용하여 여러 가지 수를 만들 수 있습니다.

$$4 \div 4 + 4 - 4 = 1 \qquad (4-4) \times 4 + 4 = 4 \qquad 44 \div 4 - 4 \qquad = 7$$

$$4 \times 4 \div (4+4) = 2 \qquad (4 \times 4 + 4) \div 4 = 5 \qquad 4 \times 4 \div 4 + 4 \quad = 8$$

$$(4+4+4) \div 4 = 3 \qquad 4 + (4+4) \div 4 = 6 \qquad 4 + 4 + 4 \div 4 \quad = 9$$

예제 5개의 숫자 3과 +, −, ×, ÷, ( )를 사용하여 1에서 5까지의 수를 만들어 보시오.

$$3 \qquad 3 \qquad 3 \qquad 3 \qquad 3 = 1$$
$$3 \qquad 3 \qquad 3 \qquad 3 \qquad 3 = 2$$
$$3 \qquad 3 \qquad 3 \qquad 3 \qquad 3 = 3$$
$$3 \qquad 3 \qquad 3 \qquad 3 \qquad 3 = 4$$
$$3 \qquad 3 \qquad 3 \qquad 3 \qquad 3 = 5$$

강의노트

3÷3=1이고, 두 개의 1에 3을 하나 더 사용하여 1에서 5까지의 수를 만들 수 있습니다.

$$3 - 1 - 1 = 1 \qquad \Rightarrow \qquad 3 - (3 \div 3) - (3 \div 3) = 1$$

$$3 - 1 \times 1 = 2 \qquad \Rightarrow \qquad 3 - (3 \div 3) \times (3 \div 3) = 2$$

$$3 \times 1 \times 1 = 3 \qquad \Rightarrow \qquad 3 \bigcirc (3 \div 3) \bigcirc (3 \div 3) = 3$$

$$3 \bigcirc 1 \bigcirc 1 = 4 \qquad \Rightarrow \qquad 3 \bigcirc (3 \div 3) \bigcirc (3 \div 3) = 4$$

$$3 \bigcirc 1 \bigcirc 1 = 5 \qquad \Rightarrow \qquad 3 \bigcirc (3 \div 3) \bigcirc (3 \div 3) = 5$$

유제 4개의 숫자 3, 3, 7, 7과 +, −, ×, ÷를 사용하여 계산 결과가 25가 되는 식을 만들 어 보시오.

4개의 6과 +, −, ×, ÷, ( )를 사용하여 1에서 8까지의 수를 만들어 보시오.

6	6	6	6	=	1		6	6	6	6	=	5
6	6	6	6	=	2		6	6	6	6	=	6
6	6	6	6	=	3		6	6	6	6	=	7
6	6	6	6	=	4		6	6	6	6	=	8

1 $6÷6=1$입니다. 이것을 이용하여 계산 결과가 1, 2인 식을 각각 만들어 보시오.

$$6 \bigcirc 6 \bigcirc 6 \bigcirc 6 = 1$$

$$6 \bigcirc 6 \bigcirc 6 \bigcirc 6 = 2$$

2 $(6+6)÷6=2$입니다. 6을 한 개 더 사용하여 계산 결과가 4, 8인 식을 각각 만들어 보시오. (단, 괄호를 사용해도 됩니다.)

$$6 \bigcirc 6 \bigcirc 6 \bigcirc 6 = 4$$

$$6 \bigcirc 6 \bigcirc 6 \bigcirc 6 = 8$$

3 $6+6+6=18$, $6×6-6=30$입니다. 6을 한 개 더 사용하여 계산 결과가 3, 5인 식을 각각 만들어 보시오. (단, 괄호를 사용해도 됩니다.)

$$6 \bigcirc 6 \bigcirc 6 \bigcirc 6 = 3$$

$$6 \bigcirc 6 \bigcirc 6 \bigcirc 6 = 5$$

4 $(6-6)×6=0$, $6×6+6=42$임을 이용하여 계산 결과가 6, 7인 식을 각각 만들어 보시오. (단, 괄호를 사용해도 됩니다.)

$$6 \bigcirc 6 \bigcirc 6 \bigcirc 6 = 6$$

$$6 \bigcirc 6 \bigcirc 6 \bigcirc 6 = 7$$

1 숫자 4, 3, 2, 1 사이에 +, −, ×, ÷, ( )를 알맞게 써넣어 올바른 식이 되도록 만들어 보시오.

4　3　2　1 = 0		4　3　2　1 = 1	
4　3　2　1 = 2		4　3　2　1 = 3	
4　3　2　1 = 4		4　3　2　1 = 5	

2 |보기|와 같이 4개의 숫자 2, 3, 4, 5와 +, −, ×, ÷, ( )를 사용하여 0에서 6까지의 수를 만들어 보시오.

보기
$(4+2-5)×3=3$　　$24÷(3+5)=3$

◦ **Key Point**

먼저 4와 3으로 만들 수 있는 수와 2와 1로 만들 수 있는 수를 각각 구합니다.

두 수 또는 세 수로 만들 수 있는 수를 먼저 구해 봅니다.

수와 연산 **27**

유형 03-2 괄호 넣기

보기와 같이 하나의 식에 여러 가지 방법으로 괄호를 넣으면 서로 다른 계산 결과를 얻을 수 있습니다.

> 보기
>
> $\{(50-10)+7\} \times 2 = 94$
>
> $50 - (10+7) \times 2 = 16$
>
> $\{50 - (10+7)\} \times 2 = 66$

다음 식에 여러 가지 방법으로 괄호를 넣어 계산한 결과 중 가장 큰 값과 가장 작은 값의 차를 구하시오.

$$100 - 70 + 20 \div 5 \times 2$$

1 계산한 값이 가장 크게 되려면 뺄셈 뒤의 식을 가장 작은 값이 되도록 만들어야 합니다. 뺄셈 뒤의 식의 계산 결과가 가장 작게 되도록 알맞은 곳에 ( )를 써넣으시오.

$$100 - 70 + 20 \div 5$$

2 1의 결과를 이용하여 계산 결과가 가장 클 때의 값을 구하시오.

$$100 - 70 + 20 \div 5 \times 2$$

3 계산한 값이 가장 작으려면 빼거나 나누는 수가 가능한 커야 합니다. 나누는 수가 가장 크게 되도록 알맞은 곳에 ( )를 써넣으시오.

$$100 - 70 + 20 \div 5 \times 2$$

4 3에서 구한 식에서 나누어지는 수가 가장 작게 되도록 알맞은 곳에 ( ) 또는 { }를 넣고, 그 값을 구하시오.

$$100 - 70 + 20 \div 5 \times 2 = \boxed{}$$

5 계산 결과가 가장 큰 값과 가장 작은 값의 차를 구하시오.

확인문제

○ Key Point

계산한 값이 가장 작으
려면 빼거나 나누는 수
가 가능한 커야 합니다.

1 다음 식에 여러 가지 방법으로 괄호를 넣어 계산할 때, 계산 결과가 가장 작은 것은 얼마입니까?

$$1000 - 100 + 30 \div 6$$

나눗셈 부분이 나누어
떨어지도록 식을 만듭
니다.

2 다음 식의 알맞은 곳에 ( )를 써넣어 올바른 식이 되도록 만들어 보시오.

$$6 \div 3 \times 10 \div 4 \times 6 - 4 = 1$$

1 5개의 숫자 5와 +, −, ×, ÷, ( )를 사용하여 계산 결과가 1, 2, 3, 4인 식을 만들어 보시오.

$$
\begin{array}{ccccccc}
5 & 5 & 5 & 5 & 5 & = & 1 \\
5 & 5 & 5 & 5 & 5 & = & 2 \\
5 & 5 & 5 & 5 & 5 & = & 3 \\
5 & 5 & 5 & 5 & 5 & = & 4 \\
\end{array}
$$

2 다음 식에 −, ×, ( )를 사용하여 등식이 성립하도록 만들어 보시오.

$$
9 \quad 2 \quad 4 \quad 8 \quad = \quad 24
$$

3 1에서 9까지의 수 중에서 4개의 숫자와 +, ×, ÷, ( )를 한 번씩만 사용하여 계산 결과가 가장 큰 식을 만들어 보시오. (단, $2+(4\times3)\div6=4$와 같이 +, ×, ÷는 순서대로 사용합니다.)

4 4개의 숫자 9와 +, −, ×, ÷, ( )를 사용하여 계산 결과가 다음과 같은 식을 만들어 보시오. (단, 2개의 숫자를 이어 붙여 두 자리 수로 만들어 계산해도 됩니다.)

(1) 9   9   9   9 = 7   (2) 9   9   9   9 = 9

(3) 9   9   9   9 = 10   (4) 9   9   9   9 = 19

(5) 9   9   9   9 = 20   (6) 9   9   9   9 = 80

(7) 9   9   9   9 = 81   (8) 9   9   9   9 = 720

Memo

Ⅱ 언어와 논리

언어와 논리

04 수 퍼즐

개념학습 스도쿠

스도쿠는 다음과 같은 |규칙|으로 각 칸에 숫자가 중복되지 않게 써넣는 퍼즐입니다.

> **규칙**
> 1. 각 가로줄과 세로줄에 1부터 9까지의 숫자를 중복되지 않게 한 번씩만 씁니다.
> 2. 3×3 크기의 굵은 선으로 둘러싸인 정사각형 안에도 1부터 9까지의 숫자를 중복되지 않게 한 번씩만 씁니다.

9	7	4	5	2	8	3	1	6
6	5	2	9	1	3	4	8	7
3	8	1	4	6	7	2	9	5
5	1	6	8	3	2	9	7	4
2	9	8	7	4	6	5	3	1
4	3	7	1	5	9	8	6	2
1	6	3	2	8	4	7	5	9
8	2	9	6	7	5	1	4	3
7	4	5	3	9	1	6	2	8

예제 다음 |규칙|에 맞게 빈칸에 알맞은 수를 써넣어 스도쿠 퍼즐을 완성하시오.

> **규칙**
> 1. 각 가로줄과 세로줄에 1부터 6까지의 숫자를 한 번씩만 씁니다.
> 2. 굵은 선으로 나누어진 직사각형 안에도 1부터 6까지의 숫자를 한 번씩만 씁니다.

		3		4	5
1	5	4	6		
2		6		1	3
3	1		2		
	3	1		2	6
4	6		3		1

강의노트

각 가로줄, 세로줄, 굵은 선으로 둘러싸인 직사각형 안에 1부터 6까지의 숫자가 한 번씩만 들어가도록 써넣습니다. 숫자 2가 들어갈 수 없는 줄을 빨간색으로 색칠한 후, 나머지 2가 들어갈 칸을 찾을 수 있습니다.

① 세로줄을 이용하면 ㈎=◻, ㈏=◻, ㈐=◻입니다.

② 가로줄을 이용하면 ㈑=◻, ㈒=◻, ㈓=◻, ㈔=◻입니다.

③ 나머지 빈칸에도 규칙에 맞게 알맞은 숫자를 써넣습니다.

	2	3		4	5
1	5	4	6	㈑	2
②	㈎	6	㈒	1	3
3	1	㈏	②	㈓	㈐
	3	1		②	6
4	6	2	3	㈔	1

개념학습 **연산 퍼즐**

연산 퍼즐은 다음과 같은 |규칙|으로 빈칸에 숫자를 써넣어 그 합이 삼각형 안의 수가 되도록 만드는 퍼즐입니다.

┌─ 규칙 ──────────────────────────────────────┐
│ 1. 색칠한 삼각형 안의 수는 삼각형의 오른쪽 또는 아래쪽으로
│   쓰인 수들의 합을 나타냅니다.
│ 2. 빈칸 안에는 1에서 9까지의 숫자만 쓸 수 있습니다.
│ 3. 삼각형과 연결되어 있는 한 줄에는 같은 숫자는 들어가지
│   않습니다.
│
│ 예 [9] 3 5 1 (O)   [9] 3 3 3 (×)
└──┘

예제 |규칙|에 맞게 연산 퍼즐을 풀어 보시오.

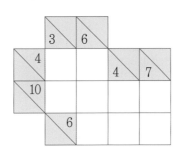

• 강의노트

먼저 숫자의 합이 가능한 적은 경우로 나타나는 칸을 찾아 규칙에 맞게 숫자를 써넣습니다.

① 3=1+2이므로 (가)는 1이거나 ☐ 입니다.

   그런데 (가)=2이면 (나)=☐ 이므로 규칙에 맞지 않습니다.

   따라서 (가)=☐, (나)=☐, (다)=☐ 입니다.

② (가), (나), (다)를 이용하면 (라)=☐, (마)=☐ 입니다.

③ 나머지 빈칸에도 앞에서 구한 숫자를 이용하여 규칙에 맞게

   숫자를 써넣으면 (바)=☐, (사)=☐, (아)=☐, (자)=☐ 입니다.

유형 04-1 블록 퍼즐

|규칙|에 맞게 빈칸에 알맞은 수를 써넣어 블록 퍼즐을 완성하시오.

규칙
1. 모든 가로줄과 세로줄에는 1부터 4까지의 수가 한 번씩 들어갑니다.
2. 굵은 선으로 둘러싸인 블록 안에 써 있는 수는 블록 안에 들어가는 수들의 합을 나타냅니다.

	6		
5	7		
6			9
4		3	

1 □ 안에 알맞은 수를 써넣고, ㈎, ㈏, ㈐에 알맞은 수를 각각 구하시오.

□ + □ + □ = 6

□ + □ = 7

□ + □ = 3

2 + 3 + 4 = 9

	6 ㈐	㈏	㈎
5	7 ㈒	㈑	
6			9
4		3	

2 나머지 빈칸에 알맞은 수를 모두 써넣어 블록 퍼즐을 완성하시오.

	6		
5	7		
6			9
4		3	

1 다음 |규칙| 에 맞게 주어진 도형의 빈칸에 알맞은 수를 써넣으시오.

> 규칙
>
> 1. 모든 가로줄과 세로줄에는 1부터 4까지의 수가 한 번씩 들어갑니다.
> 2. 굵은 선으로 둘러싸인 블록 안에 써 있는 수는 블록 안에 들어가는 수들의 합을 나타냅니다.

(1)

4		6	
	4		
			3
7	9		7

(2)

	9		
8	4		
6		7	6

Key Point

(가), (나), (다), (라)에 들어갈 수를 먼저 구합니다.

(1)   1+3=4

4		6(다)	(라)
	4		(가)
			3(나)
7	9		7

(2) 1+3+4=8

	9		
8	6	(라)	
6(가)	(나)	7(다)	6

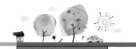

유형 04-2 변형 스도쿠

다음 사각형 밖의 숫자는 화살표 방향의 첫째 번 칸에 들어가는 숫자를 나타냅니다.
|보기|와 같이 사각형의 가로와 세로줄에 1, 2, 3, 4가 한 번씩만 오도록 각 칸에 알맞은 수를 써넣으시오.

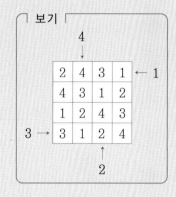

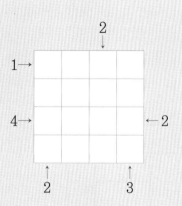

1 화살표 방향의 첫째 번 칸에 들어가는 숫자를 먼저 써넣으시오.

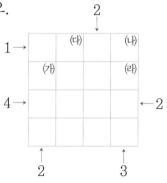

2 **1**의 (가), (나), (다), (라)에 알맞은 숫자를 각각 써넣으시오.

3 조건에 맞게 나머지 숫자를 써넣으시오.

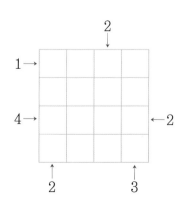

확인문제

1 다음 사각형 밖의 숫자는 화살표 방향의 첫째 번 칸에 들어가는 숫자를 나타냅니다. 사각형의 가로와 세로 줄에 1, 2, 3, 4가 한 번씩만 들어가도록 빈칸에 알맞은 수를 써넣으시오.

색칠한 칸에 들어갈 수 있는 숫자를 먼저 구해 봅니다.

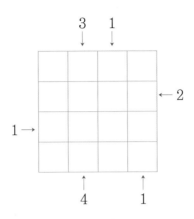

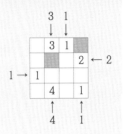

2 사각형 안의 가로줄과 세로줄에 1, 2, 3, 4, 5가 한 번씩만 들어가도록 다음 변형 스도쿠 퍼즐을 완성하시오.

색칠한 칸에 들어갈 수 있는 숫자를 먼저 구해 봅니다.

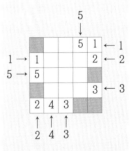

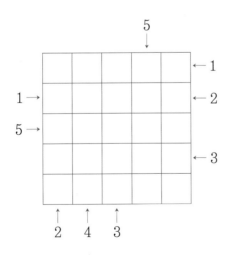

창의사고력 다지기

1 다음 |규칙|에 맞게 스도쿠 퍼즐을 완성하시오.

> 규칙
> 1. 각 가로줄과 세로줄에 1부터 6까지의 숫자가 한 번씩만 들어갑니다.
> 2. 굵은 선으로 나누어진 도형 안에도 1부터 6까지의 숫자가 한 번씩만 들어갑니다.

(1)

		2	4		1
					5
		1			2
2			6		
6					
5		3	2		

(2)

		3	5		
			2	5	
	4	1	3	6	
	5	2	6	3	
6	2	5		1	
			1		5

2 다음 |규칙|에 맞게 연산 퍼즐을 완성하시오.

> ┌ 규칙 ┌
> 1. 색칠한 삼각형 안의 수는 삼각형의 오른쪽 또는 아래쪽으로 쓰인 수들의
>   합을 나타냅니다.
> 2. 빈칸에는 1에서 9까지의 숫자만 넣을 수 있습니다.
> 3. 삼각형과 연결되어 있는 한 줄에는 같은 숫자는 들어가지 않습니다.

(1)

(2)

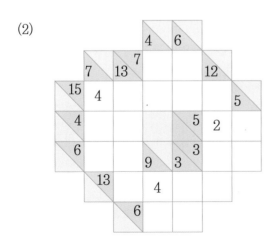

개념학습 님게임

① 님게임은 두 사람이 하는 간단한 두뇌 게임으로 중세 유럽의 선술집에서 유래되었는데, 현대에는 게임 이론의 한 장르에 이르기까지 발전되어 많은 연구가 진행되고 있습니다.

② 다음은 님게임의 규칙입니다. 님게임은 전략을 알면 항상 이길 수 있습니다.

ⓐ 13개의 성냥개비를 바닥에 놓습니다.

ⓑ 두 사람이 번갈아 가며 성냥개비를 가져오는데 한 번에 1개에서 3개까지 가져올 수 있습니다.

ⓒ 마지막 성냥개비를 가져오는 사람이 이깁니다.

예제 10개의 구슬이 있습니다. 두 사람이 다음과 같은 규칙으로 게임을 한다고 할 때, 이 게임에서 항상 이기기 위해서는 처음에 몇 개의 구슬을 가져와야 합니까?

① ② ③ ④ ⑤ ⑥ ⑦ ⑧ ⑨ ⑩

> ┌ 규칙 ┐
> 1. 두 사람이 번갈아 가며 구슬을 1번부터 차례로 가져옵니다.
> 2. 한 번에 1개에서 3개까지 가져올 수 있습니다.
> 3. 마지막 10번 구슬을 가져오는 사람이 이깁니다.

강의노트

① 7, 8, 9, 10 네 개의 구슬이 남았다고 할 때, 내 차례가 되었다고 가정해 봅시다.

⑦ ⑧ ⑨ ⑩

내가 7번 구슬 하나를 가져오면 상대방은 8, 9, 10번 구슬 3개를 가져가서 내가 지게 됩니다.

내가 7, 8번 구슬 두 개를 가져오면 상대방은 ☐, ☐번 구슬 ☐개를 가져가서 내가 지게 됩니다.

내가 7, 8, 9번 구슬 세 개를 가져오면 상대방은 ☐번 구슬 ☐개를 가져가서 내가 지게 됩니다.

따라서 구슬 4개가 남았을 때, 내 차례인 경우 항상 (지게, 이기게) 됩니다.

② 구슬 4개를 남겨 놓으면 먼저 하는 사람이 항상 (지게, 이기게) 되므로 내가 이기기 위해서는 내 차례에 (5, 6, 7)번 구슬을 가져와야 합니다.

③ 거꾸로 생각하여 ☐번 구슬을 가져오기 위해서 (1, 2, 3)번 구슬을 가져오면 됩니다.

④ 따라서 이 게임에서 항상 이기기 위해서는 처음에 ☐, ☐번 구슬 ☐개를 가져오면 됩니다.

개념학습 **목표수 말하기**

① 목표수 말하기 게임은 두 사람이 번갈아 가며 차례대로 수를 말하다가 목표수를 말하는 사람이 이기는 게임으로, 전략을 알면 항상 이길 수 있는 님게임의 또 다른 형태입니다.

② 게임의 규칙은 목표수를 정하고 처음 시작하는 사람이 1, 2, 3, 4 중 하나의 수를 말하면, 다음 사람부터는 앞 사람이 말한 수 1, 2, 3, 4 중 하나를 더한 수를 말하는데, 이 때, 정해진 목표수를 말하는 사람이 이깁니다.

예제 　 두 사람이 번갈아 가며 수를 말하는데, 처음 시작하는 사람은 1, 2, 3 중 하나의 수를 말하고 다음 사람부터는 앞 사람이 말한 수에 1, 2, 3 중 하나의 수를 더한 수를 말합니다. 이와 같은 방법으로 50을 먼저 말하는 사람이 이긴다고 할 때, 이 게임에서 항상 이기기 위해서는 먼저 하는 것과 나중에 하는 것 중 어느 것이 유리합니까?

강의노트

① 더할 수 있는 가장 큰 수는 3이고, 가장 작은 수는 1이므로 50을 말하기 위해서는 그 전 차례에 50보다 □ 작은 수인 □ 을 말해야 합니다.

1 2 □ … □ □ □ □ □ 50
　　　　　　↑　　　　↑
　　　이기는 수　　마지막에 이기는 수

② 또한 ①의 수를 말하기 위해서는 그 수보다 □ 작은 수인 □ 를 말해야 합니다.

③ 이와 같은 방법으로 50보다 □ 씩 작은 수를 말하면 이길 수 있으므로 처음에 말해야 하는 수는 50÷□=□…□ 에서 (몫, 나머지)와(과) 같은 수인 □ 입니다.

④ 따라서 이 게임에서 항상 이기기 위해서는 (먼저, 나중에) 시작하여 □ 를 말하면 됩니다.

유제 　 위의 예제 게임에서 35를 말하는 사람이 이긴다고 할 때, 게임에서 이기려면 처음에 어떤 수를 말해야 합니까?

오른쪽 달력에서 두 사람이 번갈아 가며 1일부터 그 달의 월을 나타내는 수보다 작거나 같은 수만큼 지우는 게임을 하려고 합니다. 만약 4월이면 한 번에 1일부터 4일까지 지울 수 있습니다. 오른쪽의 7월 달력으로 게임을 하여 마지막 날짜를 지우는 사람이 진다고 할 때, 게임에서 반드시 이기려면 처음에 며칠까지 지워야 합니까?

1 게임에서 이기려면 상대방이 마지막 날짜를 지우게 해야 합니다. 내 차례의 마지막에 지워야 할 날짜는 무엇입니까?

2 1에서 구한 날짜를 반드시 지우기 위해서 그 전 단계에 지워야 하는 날짜는 무엇입니까?

3 같은 방법으로 거꾸로 생각했을 때, 30일을 지우기 위해서 반드시 지워야 하는 날짜를 모두 쓰시오.

4 3에서 구한 날짜 중 가장 빠른 날짜를 구하고, 게임에서 항상 이기기 위한 방법을 설명하시오.

5 위의 게임에서 달력을 11월로 바꾸어서 게임을 할 때, 반드시 이길 수 있는 방법을 설명하시오.

확인문제

◦ Key **Point**

마지막 구슬을 집으려면 반드시 집어야 하는 구슬은 몇 째 번 구슬인지 생각합니다.

1 구슬이 15개 있습니다. 두 사람이 번갈아 가며 구슬을 집을 때, 마지막 구슬을 집는 사람이 구슬을 모두 가진다고 합니다. 한 번에 최대 3개까지 집을 수 있다면, 먼저 구슬을 집는 사람은 처음에 몇 개를 집어야 구슬을 모두 가질 수 있습니까?

27을 지우면 반드시 이기게 됩니다.

2 다음 달력에서 두 사람이 번갈아 가며 1일부터 차례로 최대 4일까지 지울 수 있는 게임을 하려고 합니다. 이 게임에서는 마지막 날짜를 지우는 사람이 집니다. 상대방이 1, 2, 3일을 지웠을 때, 이 게임에서 항상 이기려면 처음 내 차례에 며칠까지 지워야 합니까?

2월						
일	월	화	수	목	금	토
			1̶	2̶	3̶	4
5	6	7	8	9	10	11
12	13	14	15	16	17	18
19	20	21	22	23	24	25
26	27	28				

유형 **05-2** 100 말하기

두 사람이 번갈아 가며 수를 말하다가 100을 먼저 말하는 사람이 이기는 게임을 하려고 합니다. 처음 시작하는 사람은 1에서 10까지의 수 중 하나를 말하고, 다음 사람부터는 앞 사람이 말한 수에 1에서 10까지의 수 중 하나를 더한 수를 말합니다. 이 게임에서 항상 이길 수 있는 방법을 설명하시오.

1 앞 사람이 말한 수에 더할 수 있는 가장 큰 수와 가장 작은 수는 각각 무엇입니까?

2 마지막에 100을 말하기 위해서 그 전 차례에 반드시 말해야 하는 수는 무엇입니까?

3 2의 수를 말하기 위해서 반드시 말해야 하는 수를 모두 쓰시오.

4 게임에서 항상 이기기 위해서 맨 처음에 말해야 하는 수는 무엇입니까?

5 이 게임에서 먼저 하는 것과 나중에 하는 것 중 어느 쪽이 유리합니까?

1 두 사람이 번갈아 가면서 수를 말하다가 23을 먼저 말하는 사람이 이기는 게임을 합니다. 처음 시작하는 사람은 5보다 작은 자연수를 말하고, 다음 차례부터 상대방이 말한 수에 5보다 작은 자연수를 더한 수를 말합니다. 게임에서 반드시 이기려면 처음에 어떤 수를 말해야 합니까?

○ Key Point

23을 말하기 위해서 23보다 얼마씩 작은 수를 계속 말해야 하는지 생각합니다.

2 두 사람이 번갈아 가며 수를 말하다가 100을 말하는 사람이 이기는 게임을 하려고 합니다. 처음 시작하는 사람은 1부터 연속된 수를 최대 5개까지 말할 수 있고, 다음 사람부터는 앞 사람이 말한 수의 다음 수부터 연속된 수를 5개까지 말할 수 있습니다. 적어도 한 개의 수는 반드시 말해야 한다고 할 때, 처음에 말하는 사람은 몇까지의 수를 말해야 반드시 이길 수 있습니까?

말할 수 있는 수의 최대 개수와 최소 개수를 생각합니다.

1 영민이와 훈재가 상자에 공 던지기를 합니다. 영민이부터 시작해서 번갈아 가면서 공을 던지는데, 한 번 던질 때마다 1개, 2개 또는 3개까지 던질 수 있다고 합니다. 자기 차례에 공을 던져 상자 안의 공이 22개가 되면 상자 안의 공을 모두 가질 수 있습니다. 영민이가 상자 안의 공을 모두 가지려면 처음에 몇 개의 공을 던져야 합니까? (단, 던진 공은 모두 상자 안으로 들어간다고 가정합니다.)

2 승엽이와 찬호가 번갈아 가며 야구공을 가져가는 게임을 합니다. 공은 한 번에 1개에서 7개까지 가져갈 수 있고, 마지막 공을 가져가는 사람이 이깁니다. 모두 40개의 야구공이 있을 때, 승엽이가 먼저 2개의 공을 가져갔다면 찬호가 반드시 이기는 방법은 무엇입니까?

3 전체 50쪽인 동화책을 효신이와 선미가 번갈아 가며 1쪽부터 읽어 나갑니다. 자기 차례에 최대 6쪽까지 읽을 수 있고, 마지막 50쪽을 읽게 되는 사람이 동화책을 가지기로 합니다. 동화책을 가질 수 있는 방법은 무엇입니까? (단, 자기 차례에 반드시 1쪽이라도 읽어야 하며, 한 쪽의 일부만 읽을 수는 없습니다.)

4 몇 개의 날짜가 지워진 달력이 있습니다. 이 달력에서 두 사람이 번갈아 가며 1일부터 차례대로 한 번에 1개에서 5개의 날짜를 지우는 게임을 하려고 합니다. 만약 7일부터 3개의 날짜를 지운다면 7일, 8일, 10일을 지웁니다. 마지막 날짜를 지우는 사람이 진다고 할 때, 반드시 이기려면 처음에 며칠까지 지워야 합니까?

개념학습 변형 님게임

① 님게임은 여러 가지 재미 있는 게임으로 변형되었는데, 그 중 대표적인 것이 선분잇기 게임입니다. 형태는 변했지만 님게임 해결전략인 목표 상태를 거꾸로 따져간다는 원리는 변함이 없습니다.

② 선분잇기 게임의 규칙은 다음과 같습니다.

　　㉠ 두 사람이 번갈아 가며 두 점을 잇는 선분을 긋는데, 앞 사람이 그은 선분의 끝점을 이어 그립니다.

　　㉡ 선분은 오른쪽 또는 위쪽 방향으로 원하는 길이만큼 그을 수 있습니다.

　　㉢ 도착점에 선분을 긋는 사람이 이깁니다.

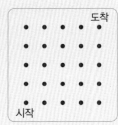

예제　오른쪽 게임판에서 다음과 같은 규칙으로 게임을 합니다. 이 게임에서 항상 이기기 위해서는 선수와 후수 중 누가 유리합니까?

(먼저 하는 사람을 선수라 하고, 나중에 하는 사람을 후수라 합니다.)

9	4	1	도착
10	5	2	3
11	6	7	8
⑫	13	14	15

> **규칙**
> 1. 두 사람이 번갈아 가며 바둑돌을 오른쪽 또는 위쪽 방향으로 움직입니다.
> 2. 한 번에 원하는 칸 수만큼 갈 수 있지만 꺾을 수는 없습니다.
> 3. 도착점에 바둑돌을 먼저 놓는 사람이 이깁니다.

강의노트

① 2×2칸짜리 게임판에서는 항상 (선수, 후수)가 이깁니다.

1	도착
●	3

② 3×3칸짜리 게임판에서 선수가 오른쪽으로 2칸 가서 8번 지점으로 가면 후수는 위로 ☐칸 가서 이깁니다. 선수가 위쪽으로 1칸 가서 5번 지점으로 가면 후수는 (위쪽, 오른쪽)으로 ☐칸 가서 ☐번 지점으로 가면 2×2 게임판과 같은 상황이 되어 이기게 됩니다.

이 게임판에서는 항상 (선수, 후수)가 이깁니다.

4	1	도착
5	2	3
●—7→●		

4	1	도착
●	2	3
●	7	8

③ 거꾸로 따져 보면 원래의 4×4판에서 항상 이기게 되는 지점은 2번, ☐번, ☐번 지점입니다. 시작점과 이기는 점이 같으므로 이 게임판에서는 항상 (선수, 후수)가 이깁니다.

개념학습 축구 게임

축구 게임은 다음 규칙에 따라 축구공을 움직여서 골대에 골인시키는 게임입니다.

① 두 사람이 번갈아 가며 하나의 공을 옮깁니다.

② 자기 차례에 오른쪽 또는 아래쪽으로 한 칸만 움직일 수 있습니다.

③ 골대라고 쓰인 칸에 축구공을 먼저 넣는 사람이 이깁니다.

④ 거꾸로 생각하여 그 칸에 가면 반드시 지는 곳에는 ×표 하고, 상대방이 ×표 한 곳으로 가도록 하기 위해 내가 반드시 가야 하는 곳에는 ○표 한 다음, ○표 한 칸으로만 움직이면 이길 수 있습니다.

예제 오른쪽 게임판에서 다음과 같은 규칙으로 게임을 합니다. 이 게임에서 항상 이기기 위해서는 선수와 후수 중 누가 유리합니까?

> 두 사람이 번갈아 가며 오른쪽 또는 아래쪽으로 바둑돌을 한 칸씩 움직입니다.
> 도착점에 바둑돌을 먼저 놓는 사람이 이깁니다.

강의노트

① 마지막에 바둑돌을 움직이면 반드시 지게 되는 칸은 ☐ , ☐ , ☐ 이므로, 그 칸에 모두 ×표 합니다.

② 상대방이 반드시 ×표된 칸으로 가도록 하기 위해서 내 차례에 ☐ 으로 바둑돌을 옮겨야 하므로, 그 칸에 ○표 합니다.

③ 상대방이 ○표된 칸으로 바둑돌을 옮기지 못하도록 하기 위해서 내 차례에 ☐ , ☐ 으로 바둑돌을 옮겨서는 안 됩니다.

④ 이와 같은 방법으로 남은 칸 중에서 반드시 가야 하는 칸에는 ○표를 가지 말아야 할 칸에는 ×표 합니다.

⑤ 따라서 이 게임에서 항상 이기기 위해서는 (먼저, 나중에) 시작하여 ☐ , ☐ 으로 바둑돌을 옮기면 됩니다.

오른쪽 게임판에 그림과 같이 출발점에 바둑돌 한 개를 놓고, 두 명이 번갈아 가며 위쪽이나 오른쪽으로만 바둑돌을 옮겨서 도착점에 놓는 사람이 이기는 게임을 하려고 합니다. 원하는 칸 수만큼 움직일 수 있지만 도중에 방향을 바꿀 수는 없습니다.
이 게임에서 반드시 이길 수 있는 방법은 무엇입니까?

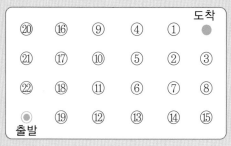

1 2×2칸짜리 게임판에서는 먼저 하는 사람과 나중에 하는 사람 중 누가 유리합니까?

2 3×3칸짜리 게임판에서 먼저 하는 사람이 오른쪽이나 위쪽으로 1칸 이동했을 때, 나중에 하는 사람이 이길 수 있는 방법을 설명하시오.

3 이와 같은 방법으로 거꾸로 따져 보았을 때, 주어진 게임판에서 항상 이기게 되는 지점의 번호를 모두 찾아 쓰시오.

4 **3**에서 구한 마지막 지점에 바둑돌을 놓으려면 먼저 해야 하는지 나중에 해야 하는지 말하고, 게임에서 반드시 이길 수 있는 방법을 설명하시오.

확인문제

◦ Key Point

도착 지점부터 거꾸로 생각하여 내가 연결해야 하는 점을 찾습니다.

1 두 사람이 번갈아 가며 오른쪽 또는 위쪽으로 원하는 길이만큼 점을 잇는 곧은 선을 하나씩 연결하여 도착점에 먼저 도착하는 사람이 이기는 게임을 하고 있습니다. 상대방이 먼저 시작하여 다음과 같이 선을 연결하였다면, 어느 점으로 선을 이어야 이길 수 있는지 나타내고, 그렇게 생각한 이유를 설명하시오.

2 두 사람이 번갈아 가며 오른쪽 또는 위쪽으로 모눈을 따라 선분을 이어가는 게임을 합니다. 칸 수에 상관없이 한 번에 하나의 선분만 그을 수 있고, 먼저 끝점에 도착하는 사람이 이깁니다. 이 게임에서 이기기 위한 방법을 설명하시오.

끝점에 도착하기 위해서 어느 점을 지나야 하는지를 거꾸로 생각해 봅니다.

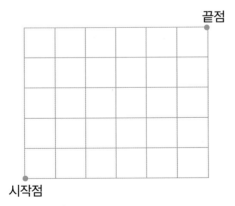

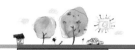

유형 O6-2 상자 밀기

상자를 밀어서 빗금친 부분으로 옮기려고 합니다. |보기|와 같이 한 번에 하나씩의 상자만 뒤에서 앞으로 밀 수 있고, 상자를 통과할 수는 없습니다. 상자 A, B가 들어갈 위치를 각각 쓰시오.

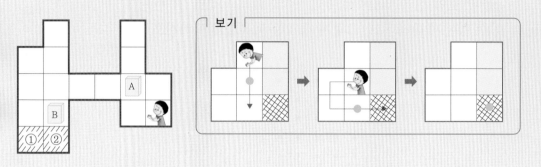

1 ①과 ② 중 B 상자가 갈 수 있는 곳은 어디입니까?

2 남은 곳에 A 상자가 들어가려면 어느 방향으로 어떻게 밀어야 하는지 2단계로 나누어 사람이 움직이는 길을 나타내고, 빗금친 부분에 A 상자의 위치를 표시하시오.

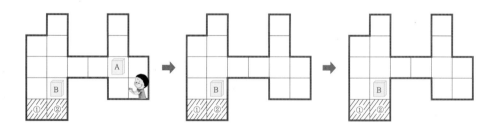

3 A 상자를 넣은 후 그 위치에서 B 상자를 ②의 위치로 넣는 방법을 나타내고, 완성된 모습을 표시하시오.

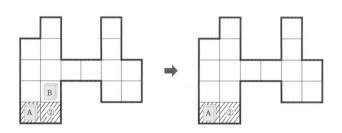

확 인 문 제

○ Key **Point**

사람이 움직이는 경로
를 화살표로 표시해 봅
니다.

1 다음 그림과 같이 네 개의 빈 상자 A, B, C, D와 네 개의 공 1, 2, 3, 4가 있습니다. 정수가 네 개의 공을 밀어서 네 개의 상자에 넣으려고 합니다, 한 번에 하나씩의 공만 뒤에서 앞으로 밀 수 있고, 빈 상자가 있는 부분은 통과할 수 있지만 공이 있는 곳은 통과할 수 없습니다. 각각의 공이 들어가는 상자를 구하시오.

(1)

1을 먼저 움직이는 경우와 2를 먼저 움직이는 경우로 나누어 생각합니다.

(2)

1   두 사람이 번갈아 가며 자기 차례에 아래쪽 또는 오른쪽 방향으로 원하는 칸 수만큼 움직여서, 색칠한 칸에 먼저 도착한 사람이 이기는 게임을 하려고 합니다. 이 게임에서 이길 수 있는 방법을 설명하시오.

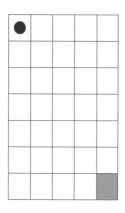

2   선아와 승호가 선분잇기 게임을 합니다. 두 사람이 번갈아 가며 아래쪽 또는 오른쪽으로만 원하는 길이만큼 모눈을 따라 선분을 이어가며 먼저 도착하는 사람이 이기는 게임을 하고 있습니다. 승호가 먼저 시작하여 다음과 같이 선을 연결하였다면, 선아가 어느 점으로 선을 이어야 이길 수 있는지 그려 보고, 그렇게 생각한 이유를 설명하시오.

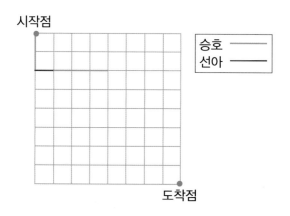

3 다음은 두 사람이 번갈아 가며 축구공을 움직여서 골대에 먼저 골인을 시키는 사람이 이기는 게임입니다. 자기 차례에 위쪽 또는 오른쪽으로 한 칸만 움직일 수 있다고 할 때, 이 게임에서 이길 수 있는 방법을 설명하시오.

			골대
			골대
			골대
●			골대

4 상자를 색칠된 부분으로 옮기려고 합니다. 다음과 같은 |규칙|으로 상자를 밀어 넣는다고 할 때, 세 개의 상자 가, 나, 다를 색칠된 부분으로 모두 옮길 수 있는 방법을 설명하시오.

┌ 규칙 ┐
1. 상자는 뒤에서 앞으로 한 개씩만 밀 수 있습니다.
2. 상자가 있는 자리와 벽으로 막힌 곳은 갈 수 없습니다.
3. 색칠된 부분에 상자가 있더라도 다시 그 상자를 다른 곳으로 밀어 낼 수 있습니다.

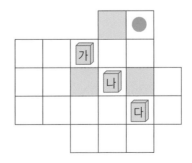

Memo

Ⅲ 도형

도형

거울에 비친 모양

도형 움직이기

① 밀기 : 도형의 모양이 변하지 않습니다.

② 뒤집기 : 옆으로 뒤집으면 왼쪽과 오른쪽이 바뀌고, 위 또는 아래로 뒤집으면 위쪽과 아래쪽이
바뀝니다.

③ 돌리기 : 도형을 한 바퀴 돌리면 처음 도형과 같은 모양이 됩니다.

예제 |보기|의 도형을 다음과 같은 방향으로 움직일 때, |보기|와 같은 모양이
되는 것을 모두 고르시오.

ㄱ ⇦   ㄴ   ㄷ   ㄹ

보기

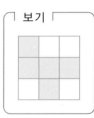

강의노트

① ㄱ 밀기는 모양이 (변합니다.   변하지 않습니다.)

② ㄴ 는 옆으로 뒤집는 것이므로 도형의 왼쪽과 오른쪽이 바뀌고, 은 위 또는

아래로 뒤집는 것이므로 도형의 위쪽과 아래쪽이 바뀝니다.

③ 등은 화살표 방향으로 도형을 [   ] 규칙을 나타냅니다.

ㄷ과 ㄹ에 표시된 방향으로 도형을 돌렸을 때의 모양은 각각 다음과 같습니다.

ㄷ □   ㄹ □

따라서 ㄱ, ㄴ, ㄷ, ㄹ 중 |보기|와 같은 모양은 [   ], [   ] 입니다.

유제 다음 도형을 움직인 방법을 밀기, 뒤집기, 돌리기 중에서 순서대로 쓰시오.

 ㄱ ➡ ㄴ ➡ ㄷ ➡

개념학습 거울에 비친 모양

① 거울에 비친 모양은 원래 모양의 왼쪽과 오른쪽의 위치가 바뀌어 보이므로 옆으로 뒤집은 모양과 같습니다.

② 도형 위에 거울을 놓았을 때, 거울에 비친 모양은 거울의 위치, 보는 방향에 따라 나타나는 모양이 달라집니다.

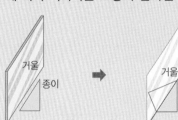 

예제 왼쪽 도형 위에 거울에 비추었을 때, 거울에 비친 모양과 종이 위의 도형을 합해서 나올 수 없는 모양을 고르시오.

 ㉠ ㉡ ㉢ ㉣ ㉤

강의노트

① 그림 위에 거울을 놓아 나타난 모양은 반으로 접었을 때 완전히 겹쳐지는 모양이어야 하고, 이때 접는 선의 위치는 [　　　]의 위치를 나타냅니다.

② 따라서 각각의 모양에 완전히 포개어지도록 접을 수 있는 선을 표시하면 다음과 같습니다.

㉠ ㉡ ㉢ ㉣ ㉤

이 중 접은 한 부분이 원래 도형에 들어 있지 않은 모양은 [　　]입니다.

유제 다음 도형 위에 거울을 수직으로 세워서 비출 때, 거울에 비친 모양과 종이 위의 도형을 합해서 만들 수 없는 모양은 어느 것입니까?

 ① ② ③

④ ⑤

유형 07-1 | 셀로판지 겹치기

|보기|의 색칠된 부분은 노란색 셀로판지를 올려놓은 것입니다. 이 셀로판지를 직선 가를 기준으로 오른쪽으로 뒤집은 후, 점 나를 기준으로 반 바퀴 돌릴 때, 셀로판지에 비치는 수의 합은 얼마입니까?

1 |보기|의 셀로판지를 직선 가를 기준으로 오른쪽으로 뒤집은 모양을 색칠하시오.

2 **1**의 셀로판지를 점 나를 기준으로 반 바퀴 돌린 모양을 색칠하시오.

3 **2**의 셀로판지에 비친 수의 합을 구하시오.

1 다음은 그림은 숫자판 위에 색칠된 투명판을 놓은 것입니다. 투명판을 ⌐ 방향으로 돌린 다음 아래로 뒤집었을 때, 투명판의 색칠된 부분에 나타나는 수들의 합은 얼마입니까?

○ **Key Point**

투명판을 순서대로 움직인 모양을 숫자판 위에 색칠해 봅니다.

1	2	3	4	5
6	7	8	9	10
11	12	13	14	15
16	17	18	19	20
21	22	23	24	25

1	2	3	4	5
6	7	8	9	10
11	12	13	14	15
16	17	18	19	20
21	22	23	24	25

1	2	3	4	5
6	7	8	9	10
11	12	13	14	15
16	17	18	19	20
21	22	23	24	25

2 |보기|와 같이 2칸이 색칠된 투명 필름지 3장을 겹치면 색칠된 칸은 최대 6칸, 최소 2칸이 됩니다. 주어진 3장의 투명 필름지를 겹쳤을 때 색칠된 칸의 개수가 최대일 때와 최소일 때의 값을 각각 구하시오.

색칠된 부분이 최대한 많이 겹쳐지도록, 또 최대한 적게 겹쳐지도록 포개어 봅니다.

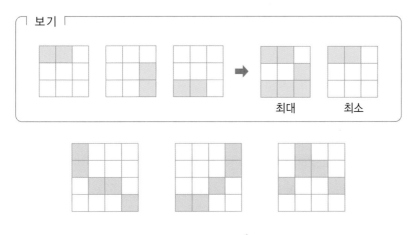

유형 07-2 거울을 세워 나타낼 수 있는 모양

다음 주어진 |조건|에 맞게 오른쪽 정사각형 위에 하나의 거울을 세워 만들 수 있는 모양을 모두 찾으시오.

- 거울은 종이와 수직이 되도록 세웁니다.
- 정사각형의 꼭짓점이나 변에 대고 세울 수 있습니다.
- 정사각형의 한 부분을 가리고 세울 수도 있습니다.

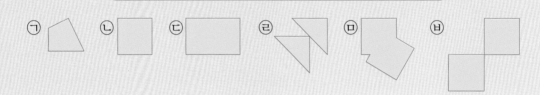

1 다음 모양에서 거울을 세운 위치는 모양을 접었을 때 완전히 겹쳐지도록 하는 선의 위치와 같습니다. 각 그림에 거울을 세운 위치를 점선으로 표시하시오.

2 거울을 세워 나타낼 수 있는 모양의 한 부분은 정사각형의 일부분입니다. 1 의 그림에 나누어진 한 부분을 포함하는 정사각형을 그려 보시오.

3 1 의 완성된 모양을 보고, 정사각형 위에 거울을 세워 나타낼 수 있는 모양을 모두 찾아 기호를 쓰시오.

확인문제

° Key **Point**

그림 위에 거울을 세운
위치를 표시해 봅니다.

1 |보기|의 그림 위에 거울을 세워 여러 가지 모양을 만들었습니다. 다음 중 만들 수 없는 모양은 어느 것입니까?

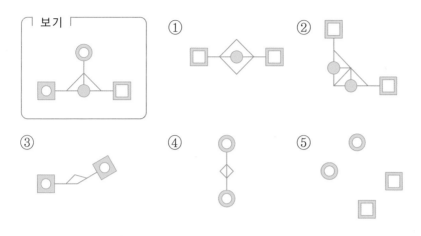

2 다음 그림에 거울을 수직으로 세워 거울에 비친 모양을 관찰하였을 때 거울 속에 나타난 그림의 일부가 될 수 있는 것을 모두 고르시오. (단, 그림을 돌려서 거울을 비출 수도 있습니다.)

원래 그림에서 모양을
찾아 표시하여 봅니다.

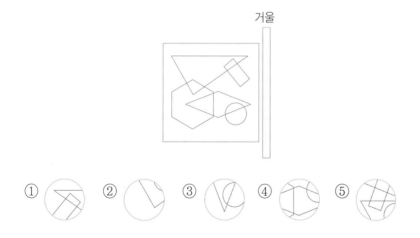

1 그림과 같이 직선 ㄱㄴ 위에 정삼각형과 정사각형이 나란히 놓여 있습니다. 정사각형은 그대로 두고, 정삼각형을 직선 ㄱㄴ을 따라 정사각형쪽으로 밀 때, 두 도형이 겹쳐지는 부분이 만드는 다각형을 차례대로 모두 쓰시오.

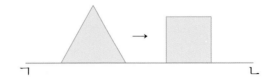

2 다음 그림과 같이 9개의 점이 그려진 종이 위에 거울을 직각으로 세워 놓고 종이 위의 점과 거울에 비친 점의 개수를 세어 보니 모두 18개였습니다. 종이와 거울에 비친 점을 합하여 11개만 보이도록 거울을 놓을 수 있는 위치를 가능한 많이 찾아 선으로 표시하고, 이유를 쓰시오.

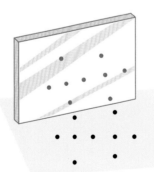

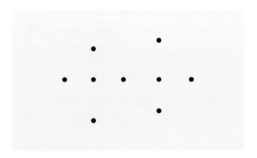

3 |보기|의 도형 위에 여러 방향으로 거울을 놓고 비추었을 때, 만들 수 없는 모양을 모두 고르시오.

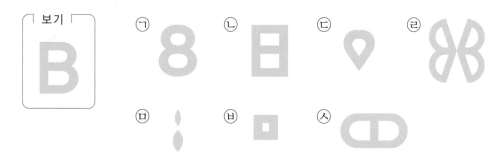

4 왼쪽 모눈종이를 ⬕, ⬔, ◔, ◕ 방향으로 돌렸을 때 각각 나타나는 네 가지 모양을 오른쪽 모눈종이 위에 한꺼번에 나타낼 때, 색칠되지 않는 칸은 모두 몇 칸입니까?

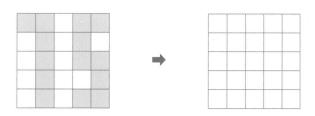

08 도형 붙이기

개념학습 **폴리오미노**

① 같은 크기의 정사각형을 변끼리 붙여 만든 모양을 폴리오미노라고 합니다. 정사각형 2개를 붙여 만든 모양을 도미노(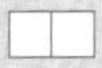), 3개를 붙여 만든 모양을 트리오미노(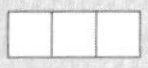 , 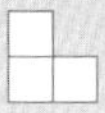), 정사각형 4개를 이어 붙여 만든 모양을 테트로미노, 5개를 붙여 만든 모양을 펜토미노라고 합니다.

② 도형을 붙여 만들 때에는 길이가 같은 변끼리 붙여야 하고, 남는 부분이 있어서는 안 됩니다. 또, 돌리거나 뒤집어서 같은 모양은 한 가지 모양으로 봅니다.

예제 5개의 정사각형을 변끼리 붙여 만든 도형을 펜토미노라고 합니다. 12조각의 펜토미노 중 주어진 6조각과 모양이 다른 나머지 조각을 모두 그려 보시오.

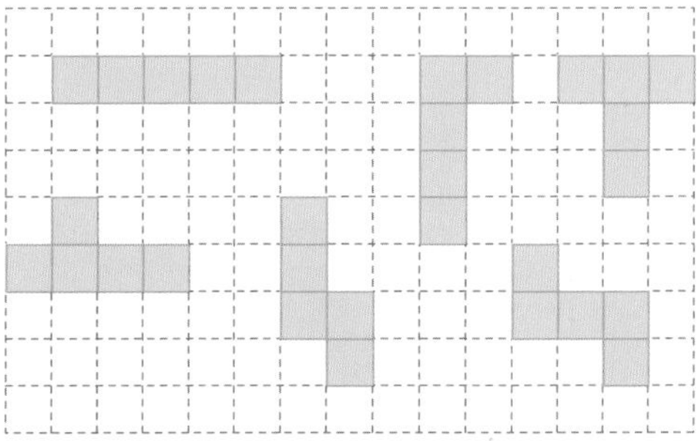

강의노트

① 가장 긴 한 줄에 정사각형이 3개 있고, 위쪽에 정사각형이 □개 있는 모양은 다음과 같습니다.

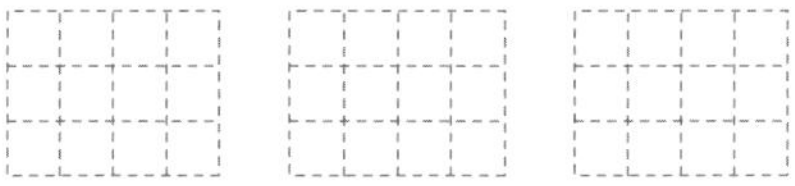

② 가장 긴 한 줄에 정사각형이 3개 있고, 위쪽과 아랫쪽에 정사각형이 각각 □개씩 있는 모양은 다음과 같습니다.

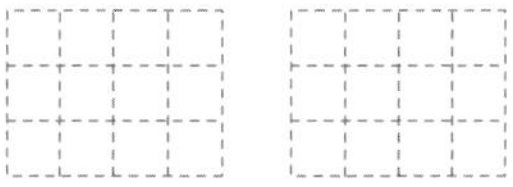

③ 한 줄에 정사각형이 □개 있는 모양은 다음과 같습니다.

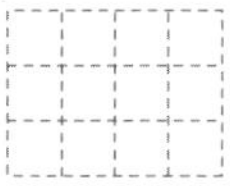

유제 4개의 정사각형을 변끼리 붙여 만든 도형을 테트로미노라고 합니다. 테트로미노를 모두 그려 보시오. (단, 돌리거나 뒤집어서 같은 모양은 한 가지로 봅니다.)

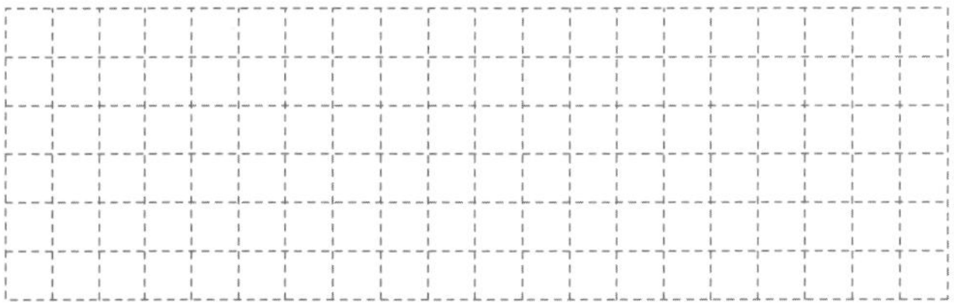

[개념학습] **삼각형 붙이기**

① 정삼각형을 변끼리 붙여 만든 도형을 폴리아몬드라고 합니다.
  정삼각형 2개를 붙여 만든 도형을 다이아몬드(◁▷), 3개를 붙여 만든 도형을 트리아몬드(△▽),
  4개를 붙여 만든 도형을 테트리아몬드, 5개를 붙여 만든 도형을 펜티아몬드라고 합니다.
② 정사각형을 다음과 같이 대각선을 따라 자르면 2개의 직각이등변삼각형이 됩니다. 이 도형을 길
  이가 같은 변끼리 붙이면 3가지의 다른 모양이 나옵니다.

[예제] 크기가 같은 직각이등변삼각형 3개를 길이가 같은 변끼리 붙여 만들 수 있는 도형은 모
두 몇 가지입니까? (단, 돌리거나 뒤집어서 겹치는 모양은 한 가지로 봅니다.)

[강의노트]

① 주어진 도형 2개를 붙여서 만들 수 있는 모양은 다음과 같습니다.

② ①에서 만든 모양에 직각이등변삼각형 하나를 더 붙인 모양은 다음과 같습니다. 이때, 돌리거나
  뒤집어서 같은 모양이 없는지 주의해서 살펴봅니다.

③ 따라서 만들 수 있는 모양은 모두 ☐ 가지입니다.

[유제] 크기가 같은 정삼각형 3개를 변끼리 붙여 만들 수 있는 도형을 모두 그리시오. (단, 돌리
거나 뒤집어서 겹치는 모양은 한 가지로 봅니다.)

유형 08-1 직각삼각형 붙이기

팩토 4-기본 A

정사각형을 잘라 만든 크기와 모양이 같은 직각이등변삼각형 4개를 길이가 같은 변끼리 이어 붙여 만들 수 있는 서로 다른 모양을 모두 그리시오. (단, 돌리거나 뒤집어서 같은 모양은 한 가지로 봅니다.)

 →

1 직각이등변삼각형 2개를 이어 붙여 만들 수 있는 모양을 그리시오.

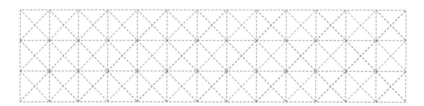

2 직각이등변삼각형 2개로 만든 모양에 직각이등변삼각형 1개를 더 붙여 만들 수 있는 서로 다른 모양을 모두 그리시오.

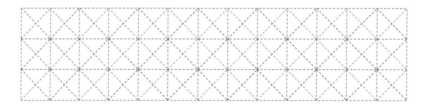

3 직각이등변삼각형 3개로 만든 모양의 각 변에 직각삼각형 1개를 여러 가지 방법으로 붙여 만들 수 있는 서로 다른 모양을 모두 그리시오.

1 크기가 같은 정삼각형 3개를 이어 붙여 사다리꼴을 만들었습니다. 사다리꼴 3개를 길이가 같은 변끼리 이어 붙여 만들 수 있는 모양을 모두 그리시오. (단, 돌리거나 뒤집어서 같은 모양은 한 가지로 봅니다.)

○ Key **Point**

사다리꼴 두 개를 붙인 모양에 사다리꼴 1개를 더 붙여 서로 다른 모양을 그립니다.

크기가 같은 정사각형 모양의 색종이 2장 중 한 장을 잘라 정사각형 1개와 직각이등 변삼각형 2개를 만들었습니다. 3개의 조각을 사용하여 만들 수 있는 삼각형과 사각 형을 모두 그리시오.

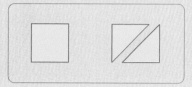

1 정사각형 1개와 직각이등변삼각형 1개를 사용하여 만들 수 있는 도형을 그리시오.

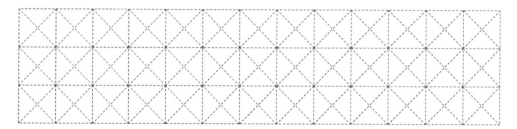

2 **1**에서 만든 모양에 직각이등변삼각형 1개를 더 붙여서 만들 수 있는 서로 다른 모양의 삼각형을 모두 그리시오. (단, 돌리거나 뒤집어서 같은 모양은 한 가지로 봅니다.)

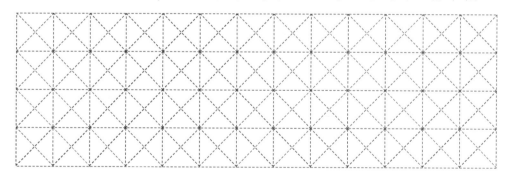

3 **1**에서 만든 모양에 직각이등변삼각형 1개를 더 붙여서 만들 수 있는 서로 다른 모양의 사각형을 모두 그리시오. (단, 돌리거나 뒤집어서 같은 모양은 한 가지로 봅니다.)

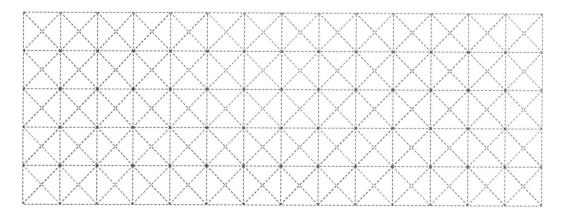

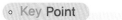

은 변의 개수가 4개이므로 사각형입니다.

1 |보기|와 같이 크기가 같은 정사각형 2개와 같은 크기의 정사각형 1개를 반으로 잘라 만든 직각삼각형 2개가 있습니다. 물음에 답하시오.

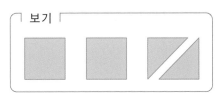

(1) |보기|의 조각을 모두 사용하여 서로 다른 모양의 오각형 4개를 그리시오.

(2) |보기|의 조각을 모두 사용하여 서로 다른 모양의 육각형 6개를 그리시오.

(3) |보기|의 조각을 모두 사용하여 서로 다른 모양의 팔각형 3개를 그리시오.

1 다음 모눈종이에 크기가 같은 여러 개의 정사각형을 변끼리 이어 붙여 둘레의 길이가 10cm가 되는 서로 다른 모양을 모두 그리시오. (단, 돌리거나 뒤집어서 같은 모양은 한 가지로 봅니다.)

2 다음 중 크기가 같은 직각이등변삼각형 4개를 길이가 같은 변끼리 이어 붙여서 만들 수 없는 도형을 찾아 기호를 쓰시오.

> ㉠ 마름모 ㉡ 직각이등변삼각형 ㉢ 정삼각형 ㉣ 사다리꼴
> ㉤ 직사각형 ㉥ 평행사변형 ㉦ 오각형 ㉧ 육각형

3 크기가 같은 정사각형 모양의 종이 2장과 이 종이를 반으로 자른 직사각형 모양의 종이 2장이 있습니다. |보기|와 같이 4장의 종이를 길이가 같은 변끼리 이어 붙여 만들 수 있는 서로 다른 모양을 모눈종이에 모두 그리시오. (단, 돌리거나 뒤집어서 겹치는 모양은 한 가지로 봅니다.)

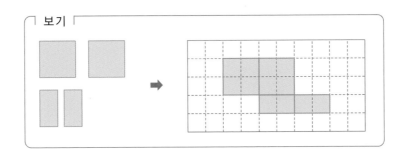

09 색종이 접기와 겹치기

개념학습 **색종이를 접은 모양**

① 색종이를 한 번 접어서 여러 가지 모양을 만들 수 있습니다.

② 색종이를 겹쳐 놓을 때 겹쳐진 순서를 구하려면 가장 위에 놓인 색종이부터 한 장씩 빼 봅니다.

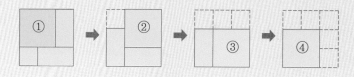

예제 크기가 같은 정사각형 모양의 색종이 6장을 그림과 같이 겹쳐 놓았습니다. 맨 아래에 놓인 색종이는 몇 번입니까?

강의노트

① 가장 위에 놓인 색종이부터 한 장씩 빼낸 그림을 그려 보면 다음과 같습니다.

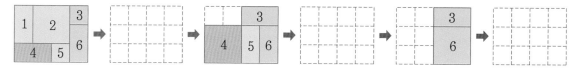

② 맨 아래에 놓인 색종이는 [ ] 번입니다.

유제 크기가 같은 정사각형 모양의 색종이를 오른쪽 그림과 같이 겹쳐 놓았습니다. 위에서 다섯째 번에 놓인 색종이는 몇 번입니까?

개념학습 색종이 접어 자르고 펼치기

색종이를 완전히 포개어지도록 2번 접은 다음, 점선을 따라 잘랐습니다.

이렇게 자른 종이의 펼친 모습을 그리려면 접혀진 모양을 차례로 펼쳐 봅니다.

예제 정사각형 모양의 색종이를 다음과 같이 접은 다음 색칠한 부분을 잘라내고 펼쳤을 때 모양을 그리시오.

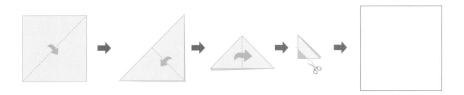

강의노트

잘라내고 남은 색종이를 차례로 펼쳐 보면 그림과 같은 모양이 됩니다.

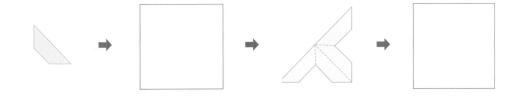

유제 다음 그림과 같이 두 번 접은 색종이에서 색칠한 부분을 잘라내고 남은 부분을 펼쳤을 때의 모양을 그리시오.

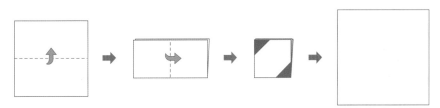

다음 |보기|는 직사각형 모양의 종이를 한 번 접어 만든 모양입니다. 이 직사각형 모양의 종이를 다른 방법으로 한 번만 접어 만들 수 있는 모양을 모두 고르시오.

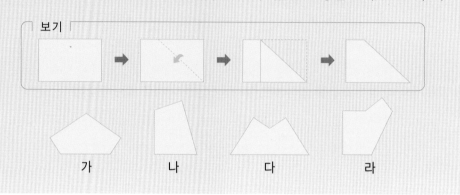

1 주어진 모양에서 직각을 포함하는 직사각형(접기 전 모양)을 찾아 그려 보시오.

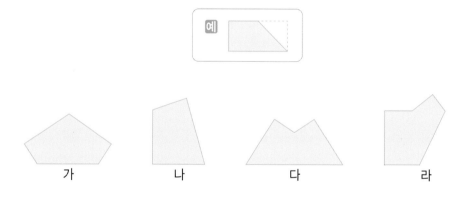

2 **1**에서 그린 직사각형 모양의 종이를 한 번 접어서 만들 수 있는 모양을 모두 고르시오.

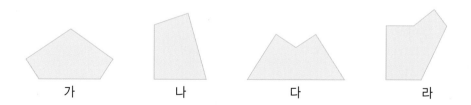

FACTO

확 인 문 제

Key Point

1 다음과 같은 타원 모양의 종이를 한 번 접었을 때, 나올 수 없는 모양을 모두 골라 기호를 쓰시오.

주어진 모양을 포함한 타원 모양을 그려 봅니다.

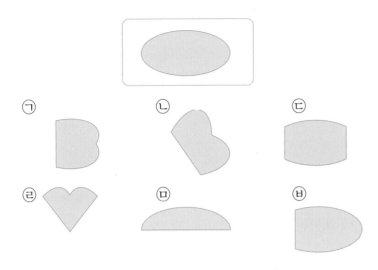

2 정사각형 모양의 색종이를 완전히 포개어지도록 계속 접어 나갈 때, 4번 접어서 만들 수 있는 서로 다른 직사각형은 모두 몇 가지입니까? (단, 돌리거나 뒤집어서 같은 모양은 한 가지로 봅니다.)

정사각형은 직사각형에 포함됩니다.

유형 O9-2 색종이를 접어 자르고 펼친 모양

그림과 같이 정사각형 모양의 색종이를 완전히 포개어지도록 네 번 접은 다음, 마지막 모양의 두 변의 가운데 점을 이은 선을 따라 진하게 색칠한 부분을 잘라냈습니다. 자르고 남은 부분의 색종이를 펼쳤을 때, 만들어지는 모양을 모눈종이 위에 그려 보시오.

1 왼쪽 모눈종이의 선으로 표시된 부분은 색종이를 네 번 접은 모양을 나타내고, 진하게 색칠된 부분은 잘라낸 모양을 나타냅니다. 접은 선을 한 번, 두 번 펼쳤을 때의 모양을 그려 보시오.

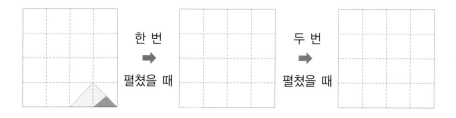

2 접은 선을 세 번, 네 번 펼쳤을 때의 모양을 그려 보시오.

3 진하게 색칠한 부분을 잘라내고 남은 색종이를 펼쳤을 때의 모양을 그려 보시오.

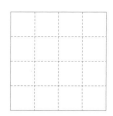

확인문제

○ Key **Point**

종이가 접혀진 부분을 차례로 펼쳐 보며 잘라 낸 부분을 그려 나갑니다.

1 다음과 같이 종이를 접어 색칠한 부분을 잘라 낸 다음, 펼친 모양을 모눈종이에 그려 보시오.

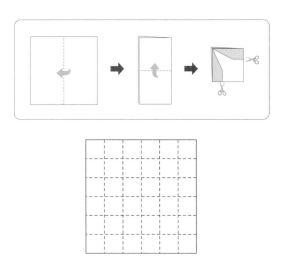

접은 순서와 반대로 펼치면서 잘린 부분을 표시합니다.

2 정육각형 모양의 종이를 |보기|와 같이 점선을 따라서 접은 다음 진하게 색칠한 부분을 잘라 냈습니다. 펼쳤을 때의 모양을 모눈종이에 그려 보시오.

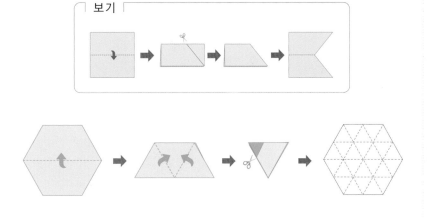

1 다음은 크기가 같은 정사각형 모양의 색종이 8장을 겹쳐 놓은 것입니다. 맨 위에 놓인 색종이부터 순서대로 번호를 쓰시오.

2 다음 중 정삼각형 모양의 종이를 한 번 접어서 만들 수 있는 모양을 모두 찾아 기호를 쓰시오.

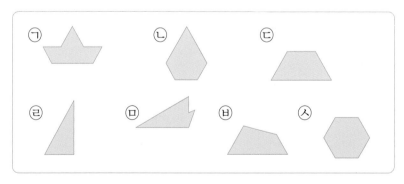

3 정사각형 모양의 색종이를 다음과 같이 3번 접어 만든 삼각형을 가위로 한 번 자른 다음 펼쳤더니 그림과 같은 모양이 되었습니다. 접은 색종이 위에 자른 선을 나타내시오.

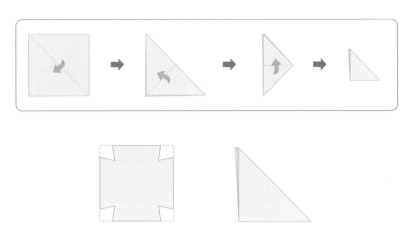

4 다음과 같은 모양의 삼각자 2개가 있습니다. 이 삼각자 2개를 |보기|와 같이 한 변과 한 꼭짓점이 만나도록 겹쳐놓을 때, 겹쳐지는 부분이 삼각형 모양인 것은 |보기|의 경우를 포함해서 모두 몇 가지입니까?

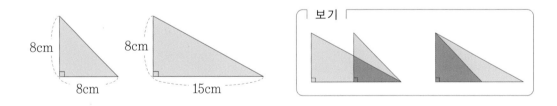

Memo

Ⅳ 규칙과 문제해결력

규칙과 문제해결력

10 도형의 개수 규칙

개념학습 **일정하게 증가하는 규칙**

그림과 같이 성냥개비로 일정한 규칙에 따라 도형을 만듭니다. 이때, 각 단계에 사용된 성냥개비의 개수를 규칙을 찾아 식으로 나타내면 □째 번 모양을 만드는 데 필요한 성냥개비의 개수를 구할 수 있습니다.

단계	1	2	3	4	⋯
성냥개비의 개수	4	7 (4+3)	10 (4+3+3)	13 (4+3+3+3)	⋯
□째 번 성냥개비의 개수	$4+3+3+\cdots+3+3 = 4+3\times(\square-1)$				

예제 다음과 같은 규칙으로 정오각형 10개를 만들 때 필요한 성냥개비의 개수를 구하시오.

강의노트

① 정오각형 1개를 만드는 데에는 성냥개비 □ 개가 필요하고, 정오각형이 1개씩 늘어날 때마다 성냥개비는 □ 개씩 더 필요합니다.

② 정오각형 10개를 만들려면 처음 정오각형에 9개를 더 만들어 붙여야 하므로 처음 정오각형을 만드는 데 필요한 성냥개비 □ 개에 □ ×(10−1)개를 더한 개수가 필요합니다.

③ 따라서 정오각형 10개를 만들 때 필요한 성냥개비의 개수는 5+4×(10−1)= □ (개)입니다.

개념학습 **바둑돌 개수 차의 규칙**

흰 바둑돌과 검은 바둑돌을 그림과 같이 정사각형 모양으로 나열합니다. 이때, 정사각형을 이루는 흰 바둑돌과 검은 바둑돌의 개수 차는 표를 그려 구할 수 있습니다.

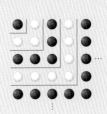

바둑돌 \ 한 변에 놓인 바둑돌의 개수	1	2	3	4	5	…
흰색 바둑돌의 개수	0	3	3	10	10	…
검은색 바둑돌의 개수	1	1	6	6	15	…
두 바둑돌의 개수의 차	1	2	3	4	5	…

위의 그림에서 한 변에 놓인 바둑돌의 개수가 3개일 때는 검은 바둑돌이 흰 바둑돌보다 3개가 더 많고, 한 변에 놓인 바둑돌의 개수가 4개일 때는 흰 바둑돌이 검은 바둑돌보다 4개 더 많습니다.

예제 바둑돌이 다음과 같은 규칙으로 놓여 있을 때, 여섯째 번에 놓이는 흰 바둑돌과 검은 바둑돌의 개수의 차를 구하시오.

첫째 번　　　　둘째 번　　　　셋째 번

강의노트

① 각 단계에서 흰 바둑돌과 검은 바둑돌의 개수와 그 차를 구하여 표로 나타냅니다.

바둑돌의 개수 \ 단계	첫째 번	둘째 번	셋째 번	넷째 번	…
흰 바둑돌(개)	4 (2×2)	9 (3×3)			…
검은 바둑돌(개)	1 (1×1)				…
개수의 차	3				…

② 흰 바둑돌과 검은 바둑돌의 개수의 차는 3. ☐, ☐, ☐와 같이 3에서 시작하여 ☐씩 늘어납니다.

③ 따라서 다섯째 번에 놓이는 두 바둑돌의 개수의 차는 ☐이고, 여섯째 번에 놓이는 두 바둑돌의 개수의 차는 ☐입니다.

S자 모양의 실을 그림과 같이 잘라 여러 도막으로 나누려고 합니다. 이와 같은 방법으로 10번 자르면 실은 모두 몇 도막이 됩니까?

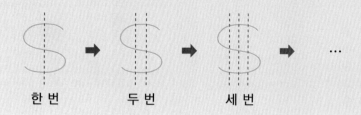

한 번   두 번   세 번

1 다음과 같이 실을 잘랐을 때 실의 도막 수를 구하여 표를 완성하시오.

	한 번	두 번	세 번	네 번	다섯 번
도막의 수(도막)	4	7			

2 실의 도막의 수는 몇 도막씩 늘어납니까?

3 규칙을 찾아 □ 안에 알맞은 수를 써넣으시오.

(■번 잘랐을 때 실의 도막의 수)=□+□×(■−1)

4 실을 10번 자르면 모두 몇 도막이 됩니까?

확 인 문 제

1 M자 모양의 실을 잘라 여러 도막으로 나누려고 합니다. 다음과 같은 규칙으로 10번 자르면 실은 모두 몇 도막이 되는지 구하시오.

한 번   두 번   세 번

2 다음과 같은 규칙으로 10개의 주사위 모양을 만드는 데 필요한 성냥개비의 개수를 구하시오. (단, 주사위 모양 한 개를 만드는 데 9개, 2개 만드는 데 14개의 성냥개비가 필요합니다.)

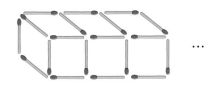

...

그림과 같은 규칙으로 돌을 놓습니다. 10째 줄까지 놓았을 때 흰 돌과 검은 돌 중 어느 것이 몇 개 더 많습니까?

1 오른쪽과 같이 그림을 두 줄씩 나누어 짝수째 번 줄까지의 흰 돌과 검은 돌의 차를 구하려고 합니다. 다음 표를 완성하시오.

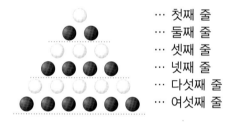

	둘째 줄	넷째 줄	여섯째 줄	여덟째 줄	…
검은 돌(개)	2	6	12		…
흰 돌(개)	1	4	9		…
흰 돌과 검은 돌의 차(개)	1	2	3		…

2 규칙을 찾아 10째 번 줄까지 돌을 놓을 때, 흰 돌과 검은 돌 중 어느 돌이 몇 개 더 많은지 구하시오.

3 같은 규칙으로 돌을 20째 번 줄까지 놓으면, 흰 돌과 검은 돌 중 어느 돌이 몇 개 더 많습니까?

확 인 문 제

1 다음 그림과 같이 일정한 규칙에 따라 흰색 바둑돌과 검은색 바둑돌을 차례로 놓을 때, 10째 번에는 검은 바둑돌이 흰 바둑돌보다 몇 개가 더 많아지는지 구하시오.

○ **Key Point**

	첫째 번	둘째 번
검은 바둑돌	4	6
흰 바둑돌	1	2
개수의 차	3	4

첫째 번   둘째 번   셋째 번

2 그림과 같은 규칙으로 바둑돌을 늘어놓습니다. 흰 바둑돌이 검은 바둑돌보다 개수가 많아지기 시작하는 것은 몇째 번부터입니까?

	첫째 번	둘째 번	...
검은 바둑돌	5	7(5+2)	...
흰 바둑돌	1	3(1+2)	...

첫째 번   둘째 번   셋째 번

1 그림과 같이 식탁을 한 줄로 붙여 16명이 앉으려고 합니다. 필요한 식탁의 개수를 구하시오.

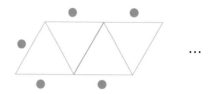

2 한글의 자음 ㅌ자 모양으로 연결된 실을 그림과 같이 잘라 여러 부분으로 나누려고 합니다. 여섯째 번에는 모두 몇 도막으로 나누어지는지 구하시오.

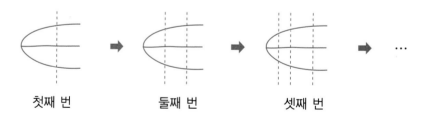

3 다음 그림과 같은 규칙으로 바둑돌을 차례로 놓을 때, 일곱째 번에는 흰 바둑돌과 검은 바둑돌 중 어느 것이 몇 개 더 많은지 구하시오.

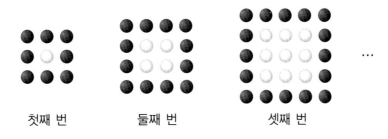

첫째 번   둘째 번   셋째 번

4 다음 그림은 쌓기나무를 빈틈없이 일정한 규칙으로 쌓은 모양을 위에서 본 것입니다. 쌓기나무를 사용하여 6층 모양을 쌓으려 할 때, 몇 개의 쌓기나무가 필요합니까?

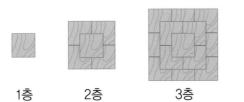

1층   2층   3층

개념학습 곱으로 나타내기

도형이 규칙적으로 놓여 있을 때, 각 단계에서의 도형의 개수를 곱으로 나타내어 규칙을 찾아 □째 번 도형의 개수를 구합니다.

첫째 번   둘째 번   셋째 번

위의 그림에서 첫째 번에는 2개, 둘째 번에는 6개, 셋째 번에는 12개의 바둑돌이 있습니다. 이를 각각 곱으로 나타내어 보면 1×2, 2×3, 3×4이므로 열째 번에 놓인 바둑돌의 개수는 (10×11)개입니다.

예제 작은 정사각형의 개수가 일정한 규칙으로 늘어나고 있습니다. 일곱째 번에서 찾을 수 있는 작은 정사각형은 모두 몇 개입니까?

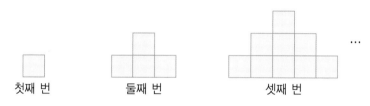

첫째 번   둘째 번   셋째 번

강의노트

① 첫째 번, 둘째 번, 셋째 번의 작은 정사각형의 개수는 각각 1개, □개, □개입니다.

② 첫째 번, 둘째 번, 셋째 번의 작은 정사각형의 개수를 곱으로 나타내보면 각각 1×1, 2×2, □×□입니다.

③ 곱의 규칙을 이용하면 일곱째 번에서 찾을 수 있는 작은 정사각형의 개수는 □×□=□개입니다.

유제 다음과 같이 일정한 규칙으로 바둑돌을 늘어놓을 때, 다섯째 번에 놓이는 바둑돌의 개수를 구하시오.

첫째 번   둘째 번   셋째 번

개념학습 시어핀스키 삼각형

남아 있는 삼각형을 4등분하여 가운데 삼각형을 잘라버리는 규칙으로 만들어지는 삼각형을 시어핀스키 삼각형이라고 합니다.

첫째 번   둘째 번   셋째 번

위 그림의 첫째 번, 둘째 번, 셋째 번에 남아 있는 삼각형은 각각 3개, 9개, 27개로, 시어핀스키 삼각형은 전 단계 삼각형의 개수의 3배가 되는 규칙을 가지고 있습니다.

예제 다음과 같은 규칙으로 정사각형 종이의 색칠한 부분을 잘라나갑니다. 셋째 번에 남아 있는 사각형은 모두 몇 개입니까?

첫째 번   둘째 번

강의노트

① 정사각형 종이를 9등분하여 1개를 잘라냈으므로 첫째 번에 남아 있는 사각형의 개수는 ☐개입니다.

② 둘째 번에는 첫째 번에 남아 있는 사각형 마다 ☐개씩 사각형이 생기므로 남아 있는 정사각형의 개수는 전 단계의 ☐배인 ☐개입니다.

③ 따라서 셋째 번에 남아 있는 정사각형의 개수는 둘째 번의 ☐배인 ☐개입니다.

유제 다음과 같이 정사각형이 규칙적으로 늘어나고 있습니다. 여섯째 번에서 찾을 수 있는 작은 정사각형은 몇 개입니까?

첫째 번   둘째 번   셋째 번   넷째 번

다음과 같이 규칙적으로 정사각형을 그려 나갑니다. 5단계에서 찾을 수 있는 크고 작은 정사각형의 개수는 모두 몇 개입니까?

1단계   2단계   3단계   4단계

1 각 단계에서 찾을 수 있는 정사각형을 종류별로 나누어 표로 나타내면 다음과 같습니다. 표를 완성하시오.

종류 ＼ 단계	1단계	2단계	3단계	4단계
□	1	4(2×2)	9(3×3)	
	0	1(1×1)	4(2×2)	
	0	0	1(1×1)	
	0	0	0	
계	1	5		

2 5단계에서 찾을 수 있는 크고 작은 정사각형의 개수는 모두 몇 개입니까?

3 6단계와 7단계에서 찾을 수 있는 크고 작은 정사각형의 개수의 차를 구하시오.

확인문제

1 다음과 같은 규칙으로 크기가 같은 정사각형 모양의 종이를 늘어 놓을 때, 여섯째 번에 놓이는 정사각형 모양의 종이의 개수를 구하시오.

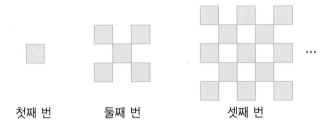

첫째 번   둘째 번   셋째 번   …

2 성냥개비로 다음과 같은 모양을 만들 때, 여섯째 번에 필요한 성냥개비는 모두 몇 개입니까?

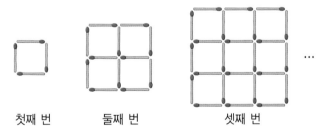

첫째 번   둘째 번   셋째 번   …

가로로 놓인 성냥개비 개수의 규칙을 찾아 2배 해 봅니다.

☐ (1×2)개

☐ (2×3)개

☐ (3×4)개

곱으로 늘어나는 규칙

다음은 어떤 규칙에 따라 나뭇가지의 수가 증가하는 모양입니다. 다섯째 번에서 찾을 수 있는 나뭇가지는 모두 몇 개입니까?

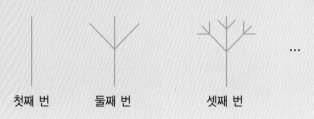

첫째 번   둘째 번   셋째 번

1 다음은 첫째 번, 둘째 번 나뭇가지의 개수입니다. 셋째 번 나뭇가지는 몇 개입니까?

1개   3개   ☐개

2 규칙을 찾아 넷째 번 나뭇가지의 모양을 그리시오.

3 다음 표를 완성하시오.

	첫째 번	둘째 번	셋째 번	넷째 번
나뭇가지의 수(개)	1	3		

× ☐   × ☐   × ☐

4 다섯째 번에서 찾을 수 있는 나뭇가지는 모두 몇 개입니까?

확인문제

∘ Key Point

1 다음과 같이 일정한 규칙으로 그림을 그려 나간다면 넷째 번에는 몇 개의 선분이 만들어집니까?

첫째 번   둘째 번   셋째 번   …

첫째 번의 1개의 선분이 둘째 번에서는 4개의 선분으로 나누어집니다.

2 다음 그림과 같이 큰 원 안에 작은 원 2개를 계속해서 그려 나갑니다. 넷째 번에는 모두 몇 개의 원이 있습니까?

3째 번의 가장 작은 원 안에 생기는 원의 개수를 알아봅니다.

         …

첫째 번   둘째 번   셋째 번

1 다음 그림은 성냥개비를 사용하여 일정한 규칙에 따라 계단 모양을 만든 것입니다.
여섯째 번에 필요한 성냥개비의 개수는 몇 개입니까?

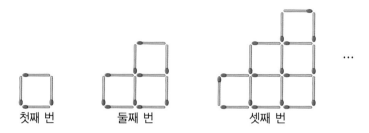

첫째 번   둘째 번   셋째 번

2 다음과 같이 일정한 모양으로 꽃을 놓을 때, 다섯째 번에 놓이는 꽃은 모두 몇 송이
입니까?

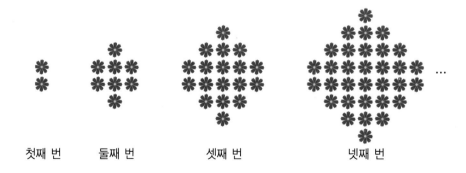

첫째 번   둘째 번   셋째 번   넷째 번

3 그림과 같이 정사각형 종이를 4등분하여 한 조각을 잘라냅니다. 남은 사각형도 같은 방법으로 4등분하여 한 조각을 잘라냅니다. 이와 같은 규칙을 반복했을 때, 다섯째 번에 남아 있는 사각형은 모두 몇 개입니까?

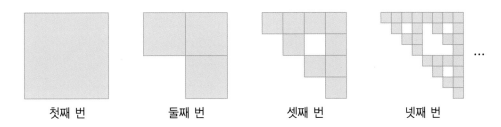

첫째 번   둘째 번   셋째 번   넷째 번

4 다음과 같은 규칙으로 구슬을 나열했을 때, 일곱째 번에 놓이는 구슬은 몇 개입니까?

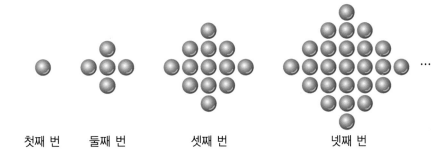

첫째 번   둘째 번   셋째 번   넷째 번

12 교점과 영역

교점의 개수

선과 선이 만나서 생기는 점을 교점이라고 합니다.
세 직선을 그었을 때 직선을 긋는 방법에 따라 교점의 개수는 하나도 없거나 최대 3개까지 나옵니다.

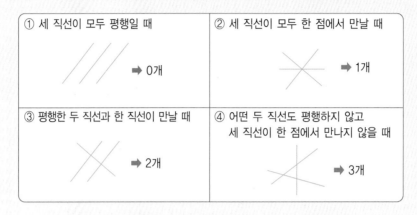

① 세 직선이 모두 평행일 때 ➡ 0개	② 세 직선이 모두 한 점에서 만날 때 ➡ 1개
③ 평행한 두 직선과 한 직선이 만날 때 ➡ 2개	④ 어떤 두 직선도 평행하지 않고 세 직선이 한 점에서 만나지 않을 때 ➡ 3개

예제 직선 4개를 그어 교점의 수가 5개가 되도록 그려 보시오.

강의노트

① 네 직선이 모두 평행일 때 교점은 ☐개입니다.

② 네 직선이 모두 한 점에서 만날 때 교점은 ☐개입니다.

③ 세 직선이 한 점에서 만나고 두 직선이 평행이면 교점은 ☐개입니다.

④ 평행인 세 직선과 한 직선이 만나면 교점은 ☐개입니다.

⑤ 어떤 세 직선도 한 점에서 만나지 않고, 두 직선만 평행이면 교점은 ☐개입니다.

유제 직선 4개를 그어 교점이 가장 많을 때의 교점의 개수를 구하시오.

개념학습 **영역의 개수**

원 위의 점과 점을 이어 선분을 그을 때, 선분의 개수와 긋는 방법에 따라 교점과 영역의 개수도 달라집니다.

교점 : 4개
영역 : 3개

교점 : 3개
영역 : 3개

교점 : 5개
영역 : 4개

예제 |보기|는 크기가 같은 정사각형 2개를 그려 영역을 2개, 3개로 나눈 것입니다. 이와 같이 크기가 같은 정사각형 2개로 나눌 수 있는 영역은 모두 몇 가지입니까?

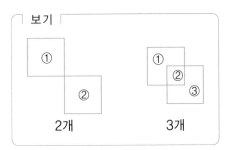

보기

① ②
2개

① ② ③
3개

강의노트

① 크기가 같은 정사각형 2개로 나눌 수 있는 영역의 개수는 다음과 같습니다.

☐개

5개

☐개

☐개

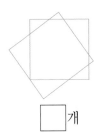

☐개

9개

② 따라서 나눌 수 있는 영역은 모두 ☐가지입니다.

유형 12-1 영역의 최대 개수

원 위에 직선을 그어 원 안을 여러 개의 영역으로 나누려고 합니다. 직선 6개를 그었을 때 원은 최대 몇 개의 영역으로 나누어집니까?

1 원 위에 주어진 수만큼의 직선을 그어 원을 가장 많은 영역으로 나누어 보시오.

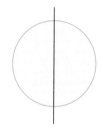

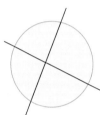

직선 : 1개   직선 : 2개   직선 : 3개   직선 : 4개

➡ 영역 : 2개   ➡ 영역 : 4개   ➡ 영역 : ▢개   ➡ 영역 : ▢개

2 다음 표를 완성하여 직선이 한 개 늘어날 때마다 영역의 개수가 늘어나는 규칙을 알아보시오.

직선의 개수(개)	1	2	3	4	5	...
영역의 최대 개수(개)	2	4				...

3 6개의 직선을 그으면 원은 최대 몇 개의 영역으로 나누어집니까?

4 위와 같은 방식으로 8개의 직선을 그을 때, 원은 최대 몇 개의 영역으로 나누어집니까?

1 다음 그림은 평면에 3개의 직선을 그어 가장 많은 교점을 만든 것입니다. 이와 같이 교점의 개수가 가장 많도록 7개의 직선을 그을 때, 교점은 모두 몇 개입니까?

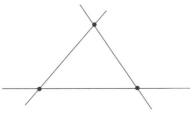

○ **Key Point**

교점이 가장 많도록 직선을 2개, 3개, 4개 그려 보고 그 규칙을 찾아 봅니다.

2 그림과 같이 방 안에 여섯 마리의 생쥐와 고양이 한 마리가 있습니다. 고양이와 생쥐가 각각 1마리씩 나누어지도록 직선 모양의 울타리 3개를 그어 7개의 영역으로 나누어 보시오.

3개의 직선으로 나누어진 7개의 영역에 동물들이 각각 한 마리씩 들어갑니다.

유형 12-2 원 3개의 교점의 개수

그림과 같이 크기가 같은 2개의 원을 그리면 1개 또는 2개의 교점을 만들 수 있습니다. 이와 같이 3개의 원을 그려서 만들 수 있는 교점의 개수를 모두 구하시오. (단, 원들이 서로 떨어져 있어서는 안 됩니다.)

1 다음은 2개의 원을 그려 1개의 교점을 만든 그림입니다. 여기에 원 1개를 더 그려서 만들어지는 서로 다른 교점의 개수를 모두 찾으시오.

2 다음은 2개의 원을 그려 2개의 교점을 만든 그림입니다. 여기에 원 1개를 더 그려서 **1**에서 찾은 개수를 제외한 서로 다른 교점의 개수를 모두 찾으시오.

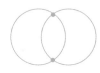

3 원 3개를 그려서 만들 수 있는 교점의 개수를 모두 구하시오.

4 크기가 같은 2개의 원과 한 직선이 만나서 생길 수 있는 교점의 개수는 모두 몇 가지입니까?

Key Point

정삼각형 2개의 크기가 같음에 유의하여 여러 가지 방법으로 그려 봅니다.

1 크기가 같은 정삼각형 2개가 만나서 생기는 교점의 개수가 2개, 4개, 6개가 되도록 그리시오.

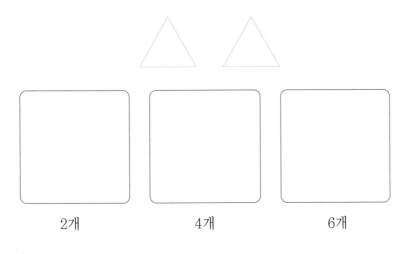

2개   4개   6개

2 그림과 같이 그려진 알파벳 Z자에 직선 3개를 그었을 때 생기는 교점의 최대 개수를 구하시오.

한 점에서 3개 이상의 직선이 만나지 않고, 평행한 직선이 없도록 선을 그어 봅니다.

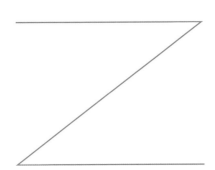

1 피자 한 판을 다음과 같이 두 번 자르면 4조각으로 나누어져 4명의 아이들이 한 조
각씩 먹을 수 있습니다. 피자 한 판을 16명의 아이들이 한 조각씩 나누어 먹으려면
피자를 최소한 몇 번 잘라야 합니까?

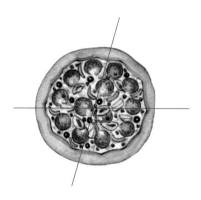

2 다음과 같은 직육면체를 3번 잘라서 8조각으로 나누시오.

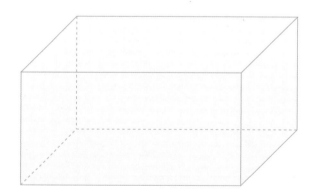

3 그림과 같이 한 변의 길이가 같은 정사각형과 정삼각형으로 만들 수 있는 영역의 개수를 모두 구하시오.

4 크기가 같은 3개의 원과 2개의 직선이 만날 때 생기는 교점의 최대 개수는 몇 개입니까?

Memo

V 측정

측정

13 평면도형의 둘레

개념학습 잘라 만든 직사각형의 둘레의 길이의 합

직사각형을 가로 또는 세로로 잘라 만든 도형의 둘레의 길이의 합은 원래 직사각형의 둘레에 자른 부분의 길이의 2배만큼 더해주면 됩니다.

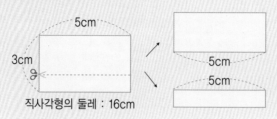

직사각형의 둘레 : 16cm

(잘라 만든 두 도형의 둘레의 길이의 합)
=(원래 직사각형의 둘레)+(자른 부분의 길이)×2
=16+5×2=26(cm)

예제 가로 10cm, 세로 8cm인 직사각형 모양의 종이를 다음 그림과 같이 점선을 따라 잘라 8개의 직사각형을 만들었습니다. 직사각형 8개의 둘레의 길이의 합은 몇 cm입니까?

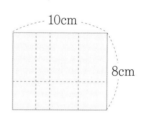

강의노트

① 처음 직사각형의 둘레의 길이는 ☐ cm입니다.

② 점선을 따라 가로로 한 번 잘랐더니 둘레의 길이는 가로의 2배인 ☐ cm가 더 늘어납니다.

③ 점선을 따라 세로로 한 번 자를 때마다 둘레의 길이는 세로의 2배인 ☐ cm가 더 늘어나는데, 3번 잘랐으므로 ☐ ×3=☐ (cm)가 더 늘어납니다.

④ 따라서 직사각형 8개의 둘레의 길이의 합은 ☐ cm입니다.

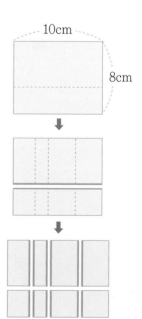

개념학습 **피보나치 사각형**

① 오른쪽 그림과 같이 한 변의 길이가 1, 1, 2, 3, 5, …가 되도록 정사각형을 이어 붙인 모양을 피보나치 사각형이라고 합니다.

② 정사각형의 네 변의 길이가 모두 같은 성질을 이용하여 정사각형을 붙여 만든 도형의 둘레의 길이를 구할 수 있습니다.

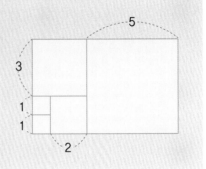

예제 다음은 가로가 24cm, 세로가 15cm인 직사각형 안에 정사각형 5개를 그린 것입니다. 정사각형 ㉮의 둘레의 길이는 몇 cm입니까?

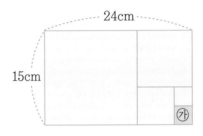

•강의노트

① 정사각형은 네 변의 길이가 같다는 성질을 이용하여 번호 순서대로 변의 길이를 구할 수 있습니다.

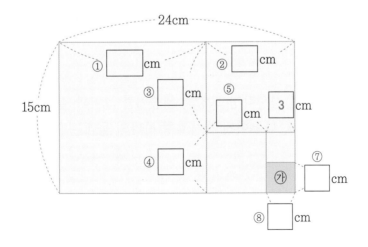

② 따라서 정사각형 ㉮의 둘레의 길이는 ☐ × 4 = ☐ (cm)입니다.

유형 13-1 잘라 만든 직사각형의 둘레의 길이의 합

다음 그림과 같이 둘레의 길이가 100cm인 정사각형 모양의 색종이를 4번 잘라서 크기와 모양이 같은 직사각형 5개로 나누었습니다. 나누어진 직사각형 하나의 둘레의 길이는 몇 cm입니까?

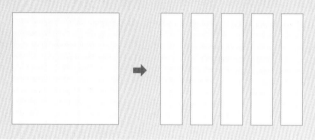

1 자르기 전 정사각형 모양의 색종이의 한 변의 길이는 몇 cm입니까?

2 직사각형의 긴 변의 길이는 몇 cm입니까?

3 직사각형의 짧은 변의 길이는 몇 cm입니까?

4 나누어진 직사각형 하나의 둘레의 길이는 몇 cm입니까?

5 둘레의 길이가 60cm인 정사각형 모양의 색종이를 그림과 같이 크기와 모양이 같은 직사각형 3개로 나누었을 때, 나누어진 직사각형 하나의 둘레는 몇 cm입니까?

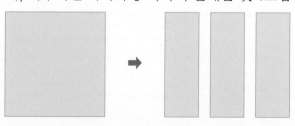

확인문제

1 다음 그림과 같이 정사각형을 크기와 모양이 같은 4개의 직사각형으로 나누었습니다. 나누어진 직사각형 하나의 둘레의 길이가 30cm일 때, 처음 정사각형의 둘레의 길이는 몇 cm입니까?

° **Key Point**

직사각형의 짧은 변 4개의 길이의 합은 정사각형의 한 변의 길이와 같습니다.

2 가로가 12cm, 세로가 10cm인 직사각형 모양의 종이를 점선을 따라 잘라 12개의 직사각형 모양을 만들었습니다. 직사각형 12개의 둘레의 길이의 합은 몇 cm입니까?

가로(세로)로 한 번 자르면 가로(세로)와 같은 길이가 2개 더 생깁니다.

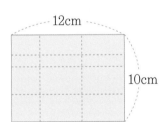

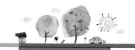

유형 13-2 색종이를 이어 붙여 만든 도형의 둘레

한 변의 길이가 4cm인 정사각형 모양의 색종이 7장을 겹치지 않게 이어 붙여 다음과 같은 도형을 만들었습니다. 이 도형의 둘레의 길이는 몇 cm입니까?

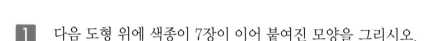

1 다음 도형 위에 색종이 7장이 이어 붙여진 모양을 그리시오.

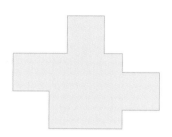

2 파란색으로 나타낸 변의 길이의 합은 색종이 한 변의 길이의 4배와 같습니다. 파란색으로 나타낸 변의 길이의 합과 초록색으로 나타낸 변의 길이의 합은 각각 몇 cm입니까?

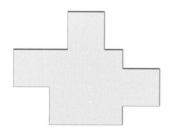

3 위 도형의 둘레의 길이는 몇 cm입니까?

확인문제

1 한 변의 길이가 3cm인 정사각형 모양의 색종이 10장을 겹치지 않게 이어 붙여 다음과 같은 모양을 만들었습니다. 둘레의 길이는 몇 cm입니까?

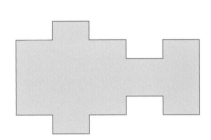

Key Point

만든 모양의 둘레의 길이는 색종이 한 변의 길이 몇 개와 같은지 구합니다.

2 직사각형 모양의 도화지에 그림과 같은 10개의 정사각형을 그렸습니다. 빗금 친 정사각형의 둘레의 길이는 몇 cm입니까?

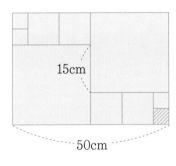

15cm

50cm

가장 큰 정사각형 2개의 변의 길이의 합이 50cm입니다.

1 한 변의 길이가 2cm인 색칠한 정사각형에 다음과 같은 방법으로 정사각형들을 붙여 나갈 때, ⑤번 정사각형의 둘레의 길이는 몇 cm입니까?

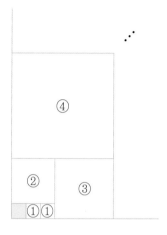

2 크기가 다른 정삼각형 7개를 그림과 같이 붙여 놓았습니다. 가장 작은 정삼각형의 한 변의 길이가 4cm일 때, 가장 큰 정삼각형의 한 변의 길이는 몇 cm입니까? (단, 색깔이 같은 정삼각형의 크기는 서로 같습니다.)

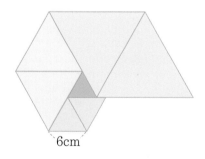

6cm

3 가로가 16cm, 세로가 14cm인 직사각형을 그림과 같이 16개 직사각형으로 잘랐습니다. 그중 색칠된 부분을 **빼고** 남아 있는 12개의 직사각형의 둘레의 길이는 몇 cm입니까?

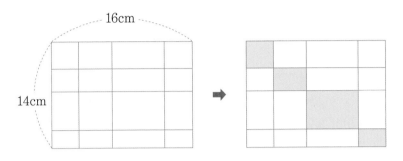

4 책상 위에 책 몇 권을 올려놓았더니 다음과 같은 모양의 공간이 남았습니다. 남은 공간의 둘레의 길이는 몇 cm입니까?

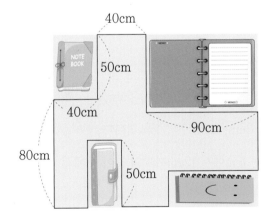

14 잴 수 있는 길이와 무게

눈금 없는 막대로 길이 재기

눈금 없는 막대를 이어 붙이거나 겹치면 여러 가지 길이를 잴 수 있습니다.
길이가 1cm, 2cm, 6cm인 막대를 이용하여 잴 수 있는 길이는 다음과 같습니다.

막대 1개만 사용할 때

1	2	6
1cm	2cm	6cm

막대를 이어 붙일 때

1 2	1 6	2 6	1 2 6
3cm	7cm	8cm	9cm

막대를 겹치거나 이어 붙일 때

5cm / 6 (1) / 4cm / 6 (2) / 7cm / 2 6 (1) / 5cm / 1 6 (2)

따라서 잴 수 있는 길이는 1cm, 2cm, 3cm, 4cm, 5cm, 6cm, 7cm, 8cm, 9cm입니다.

예제 길이가 2cm, 3cm, 7cm인 눈금 없는 자가 각각 1개씩 있습니다. 이 자들을 이용하여 잴 수 있는 길이는 모두 몇 가지입니까?

2	3	7

강의노트

① 한 개의 자로 잴 수 있는 길이는 2cm, 3cm, ☐cm입니다.

② 2개의 자를 붙여서 잴 수 있는 길이는 5cm, 9cm, ☐cm, 3개의 자를 붙여서 잴 수 있는 길이는 ☐cm입니다.

③ 2개의 자를 겹쳐서 잴 수 있는 길이는 1cm, 4cm, ☐cm입니다. 3개의 자를 겹치거나 이어 붙여서 잴 수 있는 길이는 8cm, 2cm, ☐cm입니다.

④ 따라서 잴 수 있는 길이는 1cm에서 12cm까지의 길이 중에서 ☐cm를 제외한 ☐가지입니다.

유제 길이가 1cm, 4cm, 5cm인 막대가 1개씩 있습니다. 이 막대들을 이용하여 잴 수 있는 길이는 모두 몇 가지입니까?

개념학습 잴 수 있는 들이

들이가 서로 다른 그릇으로 새로운 들이를 재는 과정을 식으로 나타낼 수 있습니다.
3L, 5L들이 그릇으로 7L를 재는 방법은 7을 3, 5, +, −를 사용한 식으로 나타낸 후,
더하는 수는 떠오는 물의 양으로, 빼는 수는 버리는 물의 양으로 설명합니다.

$$7 = 5 - 3 + 5$$

① 5L들이 그릇에 물을 가득 채웁니다.

② 5L들이 그릇에 있는 물을 3L들이 그릇에 가득 차게 부으면 5L들이 그릇에는 2L가 남습니다.

③ 3L들이 그릇의 물을 모두 버리고, 5L들이 그릇에 있던 2L의 물을 3L들이 그릇에 모두 붓습니다.

④ 5L들이 그릇에 다시 물을 가득 채우면 두 그릇 안의 물은 7L가 됩니다.

예제 5L, 6L를 담을 수 있는 빈 그릇이 각각 1개씩 있습니다. 이 그릇을 이용하여 정확하게 물 7L를 담는 방법을 설명하시오. (단, 물은 얼마든지 떠올 수 있고, 버릴 수도 있습니다.)

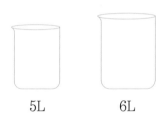

5L   6L

강의노트

① 7을 5, 6, +, −를 사용한 식으로 나타내면 ☐ − ☐ + ☐ =7입니다.

② 6L들이 그릇에 물을 가득 채웁니다. 그 물을 5L들이 그릇에 가득 부으면 6L들이 그릇에는 물이 ☐ L 남습니다.

③ 5L들이 그릇의 물을 버립니다.

④ 6L들이 그릇의 남은 물 ☐ L를 5L들이 그릇에 붓습니다.

⑤ 6L들이 그릇에 다시 물을 가득 채웁니다.

⑥ 두 그릇에 있는 물을 합하면 모두 7L가 됩니다.

순서	그릇에 남아 있는 물의 양(L)	
	5L 그릇	6L 그릇
처음	0	0
①	0	6
②		
③		
④		0
⑤		

그림과 같이 1cm, 3cm, 5cm, 12cm 길이의 철사가 자유롭게 움직일 수 있게 이어져 있습니다. 이것을 이용하여 잴 수 있는 가장 짧은 길이는 1cm, 가장 긴 길이는 20cm입니다. 1cm에서 20cm까지의 길이 중 잴 수 없는 길이를 모두 구하시오.(단, 길이는 1cm 단위로 잽니다.)

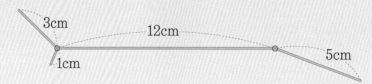

1 다음과 같이 3cm 철사와 1cm 철사를 일직선으로 펴면 3+1=4(cm)를 잴 수 있습니다. 이 두 철사를 겹쳤을 때 잴 수 있는 길이는 몇 cm입니까?

2 1cm, 12cm, 5cm를 이용하여 ①과 같이 모양을 만들면 1+12−5＝8(cm)를 잴 수 있습니다. 이 철사를 펼치거나 겹쳐서 잴 수 있는 길이를 구하시오.

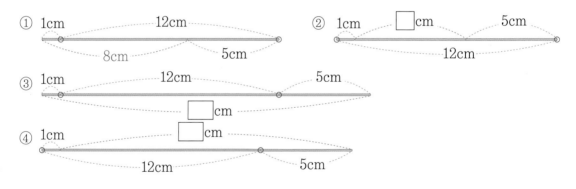

3 1cm에서 20cm까지 재는 방법을 식으로 나타내어 보시오.

길이(cm)	재는 방법	길이(cm)	재는 방법	길이(cm)	재는 방법
1	1	8	12+1−5＝8	15	
2		9		16	
3	3	10		17	
4	3+1=4	11		18	
5	5	12		19	
6		13		20	
7		14			

4 잴 수 없는 길이를 쓰시오.

확인문제

1 길이가 1cm, 4cm, 6cm인 색 테이프가 하나씩 있습니다. 이 색 테이프를 이용하여 잴 수 있는 길이를 모두 구하시오.

1cm   4cm   6cm

2 다음 그림과 같이 4가지 길이의 철사가 이어져 있고, 연결 부 분이 자유롭게 움직일 수 있는 도구가 있습니다. 이 도구를 사 용하여 잴 수 없는 길이를 고르시오.

연결 부분을 중심으로 여러 가지 방법으로 접 거나 펼쳐서 잴 수 있는 길이를 찾아봅니다.

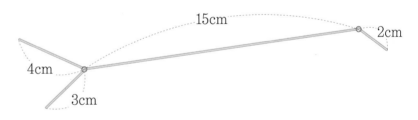

① 8cm   ② 10cm   ③ 12cm

④ 14cm   ⑤ 16cm

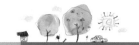

유형 14-2 잴 수 있는 들이

3L, 4L, 7L들이의 빈 물병이 각각 1개씩 있습니다. 세 물병을 사용하여 5L와 2L를 각각 정확히 재어 보시오.

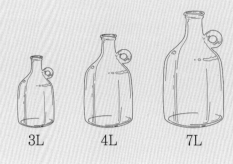

3L   4L   7L

1 다음은 위의 세 물병을 사용하여 5L를 만드는 방법입니다. 빈칸을 알맞게 채우시오.

순서	만드는 방법	물병에 남아 있는 물의 양(L)		
		3L	4L	7L
①	7L들이 물병에 물을 가득 채웁니다.	0	0	7
②	7L들이 물병의 물을 3L들이 물병에 가득 붓습니다.		0	4
③	3L들이 물병의 물을 버리고, 4L들이 물병에 물을 가득 채웁니다.	0		4
④	4L들이 물병의 물을 3L들이 물병에 가득 붓습니다.			4
⑤	3L들이 물병의 물을 전부 버립니다.			4
⑥	4L들이 물병의 물을 7L들이 물병에 전부 붓습니다.	0	0	

2 위의 세 물병을 사용하여 2L를 만드는 방법입니다. 빈칸을 알맞게 채우시오.

순서	만드는 방법	물병에 남아 있는 물의 양(L)		
		3L	4L	7L
①	3L들이 물병에 물을 가득 채웁니다.	3	0	0
②			3	
③				
④				
⑤	4L들이 물병의 물을 전부 버립니다.			

○ Key Point

4L에서 1L를 퍼낼 수 있는 방법을 생각해 봅니다.

1 4L, 5L들이의 빈 물통이 각각 1개씩 있습니다. 이 두 개의 물통으로 정확하게 3L를 재는 방법을 설명하시오. (단, 물은 얼마든지 떠올 수 있고, 버릴 수도 있습니다.)

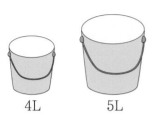

4L   5L

5−2+5=8을 이용하여 알아봅니다.

2 모래시계를 뒤집으면 위쪽의 모래가 일정 시간이 지난 후 모두 아래로 떨어집니다. 그림과 같은 2분짜리 모래시계와 5분짜리 모래시계를 사용하여 정확히 8분을 재는 방법을 설명하시오.

2분   5분

1 길이가 8cm이고, 눈금이 다음과 같이 나타나 있는 자가 있습니다. 이 자로 한 번에 잴 수 있는 길이를 모두 구하시오.

2 양팔 저울과 2g, 3g, 6g짜리 추가 각각 1개씩 있습니다. 추를 양쪽 접시에 올려놓을 수 있다고 할 때, 잴 수 있는 무게를 모두 구하시오.

3 길이가 10m인 막대가 있습니다. 이 막대를 세 도막으로 나누어 1m에서 10m까지 1m 간격으로 모든 길이를 잴 수 있도록 만들려고 합니다. 나누어진 세 도막의 길이를 각각 구하시오.

4 오렌지 주스가 가득 들어 있는 8L들이 통과 5L, 3L들이 빈 병이 하나씩 있습니다. 다른 도구를 사용하지 않고 8L들이 통에 들어 있는 주스를 5L들이 통에 4L만큼 나누어 담으려고 합니다. 주스를 옮겨 담는 방법을 설명하시오.

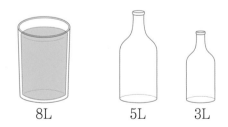

고장난 시계

시차

① 지구는 남극과 북극을 이은 자전축을 중심으로 하루에 한 바퀴씩 도는 자전 운동을 통해 시차가 발생합니다.

② 다음은 서울과 세계 여러 도시들 사이의 시차를 나타낸 표입니다.

서울	시드니	뉴욕	런던	파리	베이징
1월 1일 낮 12시	1월 1일 오후 2시	12월 31일 오후 10시	1월 1일 오전 3시	1월 1일 오전 4시	1월 1일 오전 11시
0	+2	−14	−9	−8	−1

예제 다음은 8월 30일 오후 3시 인천 공항의 시계입니다. 시드니가 11월 10일 오전 10시일 때, 토론토는 몇 월 며칠 몇 시입니까?

서울   시드니   모스크바   토론토   로스앤젤레스

8월 30일 오후 03:00   8월 30일 오후 05:00   8월 30일 오전 10:00   8월 30일 오전 02:00   8월 29일 오후 11:00

강의노트

① 시드니의 시각은 서울의 시각보다 ☐ 시간 더 빠르고, 토론토의 시각은 서울의 시각보다 ☐ 시간 더 느립니다.

즉, 토론토의 시각은 시드니의 시각보다 ☐ 시간 더 느립니다.

② 따라서 시드니가 11월 10일 오전 10시일 때 토론토는 ☐ 월 ☐ 일 (오전 , 오후) ☐ 시 입니다.

개념학습 **고장난 시계**

하루에 5분씩 빨리 가는 시계를 오늘 정오에 정확하게 맞추어 놓으면 1일 후에는 5분 빨리 가고, 2일 후에는 10분, 3일 후에는 15분 빨리 갑니다.

따라서 실제 시각과의 차도 하루가 지날 때마다 5분, 10분, 15분… 씩 늘어납니다.

	오늘	1일 후	2일 후	3일 후	4일 후	…
실제 시각	12시	12시	12시	12시	12시	…
고장난 시계	12시	12시 5분	12시 10분	12시 15분	12시 20분	…
두 시각의 차	0분	5분	10분	15분	20분	…

이러한 규칙에 의해 실제 시계와 고장난 시계가 가리키는 시각의 차가 12시간이 될 때 처음으로 두 시계가 같은 시각을 가리키게 됩니다.

예제 하루에 10분씩 빨리 가는 고장난 시계를 오늘 낮 12시에 정확히 맞춰 놓았습니다. 이 시계가 처음으로 정확한 시각을 가리키는 때는 며칠 후 몇 시입니까?

강의노트

① 실제 시각과 고장난 시계의 시각, 두 시각의 차를 표로 나타내면 다음과 같습니다.

	오늘	1일 후	2일 후	3일 후	4일 후	5일 후
실제 시각	12시	12시	12시	12시	12시	12시
고장난 시계	12시					
두 시각의 차	0분					

② 실제 시각과 고장난 시계의 시각의 차가 ☐ 시간이 될 때, 처음으로 고장난 시계가 정확한 시각을 가리킵니다.

③ 실제 시각과 고장난 시계의 시각은 하루에 10분씩 차이가 나고, ☐ 시간은 ☐ 분이므로 처음으로 고장난 시계가 정확한 시각을 가리키는 때는 ☐ 일 후 낮 ☐ 시입니다.

유제 하루에 4분씩 빨리 가는 시계를 오늘 낮 12시에 정확하게 맞추어 놓았습니다. 이 시계가 처음으로 정확한 시각을 가리키는 때는 언제입니까?

두 사람의 대화를 읽고, 두 사람이 버스 정류장에서 만나기로 한 시각과 매직랜드에 도착한 시각을 바르게 연결한 것을 고르시오.

> 광규 : 수정아, 우리 내일 매직랜드에 놀러가자!
>
> 수정 : 좋아. 그럼 오후 2시에 시작하는 인형 퍼레이드를 꼭 보자.
>
> 광규 : 그래. 매직랜드 셔틀 버스가 매시 20분과 40분에 강남역에서 출발하고, 매직랜드까지는 1시간 10분 정도 걸린대. 그러니까 내일 강남역 셔틀 버스 정류장에서 10분 전에 만나도록 하자.
>
> 수정 : 그래. 그럼 난 11시까지 숙제하다가 나가면 되겠다.

	정류장에서 만나기로 한 시각	매직랜드에 도착하는 시각
①	오후 12시 10분	오후 1시 10분
②	오후 12시 30분	오후 1시 30분
③	낮 12시	오후 1시 20분
④	오후 12시 10분	오후 1시 30분
⑤	오전 11시 30분	오후 12시 40분

1 오후 2시에 퍼레이드를 보아야 하므로 그 전에 도착하는 버스를 타야 합니다. 버스를 타는 시각과 도착하는 시각의 가능한 경우를 모두 구하시오.

2 버스 출발 시각 10분 전에 만나기로 했으므로 **1** 에서 구한 경우에 각각 정류장에서 만나기로 한 시각을 구하시오.

3 위의 표에서 바르게 연결한 것은 어느 것입니까?

1 태정이는 KTX를 타고 서울에서 부산으로 여행을 갔습니다. 태정이가 내일 오전 11시 20분까지 서울로 돌아오려면 부산에서 늦어도 몇 시 몇 분에 출발하는 기차를 타야 합니까? (단, 기차는 10분 단위로 출발합니다.)

○ **Key Point**

서울에서 부산까지 가는 데 걸리는 시간을 구합니다.

승차권	NO. 18-751270

서울 Seoul ▶ **부산** Busan

출발 : 오전 11시 30분

도착 : 오후 2시 40분

KTX   111 열차 **15**호차 **110**석

운임요금 51,200   할인금액 500   영수액 **50,700**

2 오늘 오전 6시 55분에 해가 떴습니다. 밤의 길이가 12시간 26분이라면 해가 지는 시각은 몇 시 몇 분입니까?

낮의 길이와 밤의 길이의 합은 24시간입니다.

유형 15-2   빨리 가는 시계, 느리게 가는 시계

봉균이의 방에는 한 시간에 7분씩 빨리 가는 시계와 한 시간에 3분씩 느리게 가는 시계가 한 개씩 있습니다. 4월 1일 오전 8시에 두 시계를 정확하게 맞추어 놓았다면, 두 시계가 처음으로 같은 시각을 가리키는 때는 몇 월 며칠 몇 시입니까?

1 한 시간 후 두 시계가 가리키는 시각의 차는 몇 분입니까?

2 하루가 지난 후 두 시계가 가리키는 시각의 차는 몇 분입니까?

3 두 시계가 처음으로 같은 시각을 가리키는 때는 두 시계의 시각의 차가 몇 분일 때입니까?

4 두 시계가 처음으로 같은 시각을 가리키는 때는 몇 월 며칠 몇 시입니까?

5 한 시간에 1분씩 빨리 가는 시계와 한 시간에 4분씩 느리게 가는 시계가 있습니다. 오늘 두 시계를 정확하게 맞추어 놓았다면, 며칠 후에 처음으로 같은 시각을 가리키게 됩니까?

확 인 문 제

1 한 시간에 5분씩 느리게 가는 시계가 있습니다. 어느 날 이 시계가 오후 6시를 가리킬 때, TV에서 오후 6시 생방송 뉴스가 나왔습니다. 다음 날 오후 2시 뉴스를 시작할 때, 이 시계가 가리키는 시각은 몇 시 몇 분입니까?

○ Key Point

오후 6시부터 다음 날 오후 2시까지는 몇 시간 후인지 알아봅니다.

2 윤미네 시계는 하루에 7분씩 빨리 가고, 정준이네 시계는 하루에 2분씩 느리게 갑니다. 10월 6일 오후 3시에 두 시계의 시각을 똑같이 맞추었다면, 10월 13일 오후 3시에 두 시계가 가리키는 시각의 차는 몇 분입니까?

윤미네 시계와 정준이네 시계는 하루에 몇 분씩 차이가 나는지 알아봅니다.

1 어느 날 밤의 길이가 낮의 길이보다 1시간 24분 더 짧았다고 합니다. 이 날 오후 6시 48분에 해가 졌다면, 해가 뜬 시각은 오전 몇 시 몇 분입니까?

2 중국에 여행을 다녀온 지민이가 자명종 시계와 손목시계를 한 개씩 사 왔습니다. 자명종 시계는 한 시간에 2분씩 빨리 가고, 손목시계는 6시간에 6분씩 느려집니다. 오늘 오전 11시에 두 시계를 같은 시각으로 맞추어 놓았다고 할 때, 두 시계가 다시 같은 시각을 가리키는 때는 며칠 후입니까?

3 다음 시계들은 세계 도시들의 현재 시각을 나타낸 것입니다. 도쿄의 시각은 베이징보다 45분 빠르고, 나폴리의 시각은 도쿄보다 5시간 5분 느리며, 카이로의 시각은 나폴리보다 35분 느리다고 합니다. 다음 시계는 각각 어느 도시의 시계인지 차례대로 도시의 이름을 쓰시오.

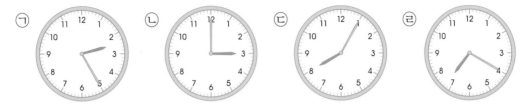

4 준호는 일정하게 빨라지는 고장난 손목시계가 있습니다. 이 손목시계를 어느 날 오후 4시에 정확하게 맞추어 놓았습니다. 다음 날 도서관에 가서 공부를 하다가 낮 12시를 알리는 종소리가 들렸을 때 고장난 손목시계를 보았더니 오후 2시 40분을 가리키고 있었습니다. 준호가 가지고 있는 고장난 손목시계는 한 시간에 몇 분씩 빨라집니까?

Memo

영재학급, 영재교육원, 경시대회 준비를 위한

창의 사고력
초등 수학
팩토

바른 답
바른 풀이

Lv.4

기본 A

M 매스티안

창의사고력
초등 수학

팩토

바른 답
바른 풀이

Lv.4

기본 A

Ⅰ 수와 연산

01 수 배열 퍼즐   P.8~p.9

예제 [답] ① 3, 2

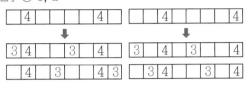

②
| 4 | 1 | 3 | 1 | 2 | 4 | 3 | 2 |
| 2 | 3 | 4 | 2 | 1 | 3 | 1 | 4 |

예제 [답] ① 18, 25, 3

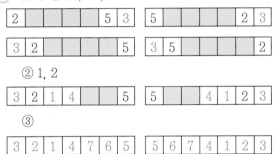

② 1, 2

| 3 | 2 | 1 | 4 | | | 5 |

| 5 | | | 4 | 1 | 2 | 3 |

③

| 3 | 2 | 1 | 4 | 7 | 6 | 5 |

| 5 | 6 | 7 | 4 | 1 | 2 | 3 |

유형 01-1 수 퍼즐   P.10~p.11

1 ㅂ+ㅇ=3이 될 수 있는 두 수는 1과 2입니다.
[답] 1, 2

2 ㅂ=1, ㅇ=2라고 하면 ㅅ+ㅇ=6에서 ㅅ=4가 됩니다. 이때, ㅁ+ㅂ+ㅅ+ㅇ=17을 만족하는 ㅁ은 10이 되어 조건에 맞지 않으므로 ㅂ=2, ㅇ=1이 됩니다. 이때, ㅅ=5, ㅁ=9가 됩니다.
[답] ㅁ=9, ㅂ=2, ㅅ=5, ㅇ=1

3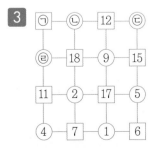

ㄷ+9+5=15에서 ㄷ=1입니다.
ㄷ+9+ㄴ=12에서 ㄴ=2입니다.
ㄴ+ㄹ+9+2=18에서 ㄹ=5입니다.
ㄴ+ㄹ=ㄱ에서 ㄱ=7입니다.

[답] ㄱ=7, ㄴ=2, ㄷ=1, ㄹ=5

확인문제

1 먼저 ○ 안의 수는 양 옆의 □ 안의 수를 더한 것이므로 1에서 6까지의 수 중에서 1과 2는 들어갈 수 없습니다. 따라서 1과 2를 □ 안에 써넣고, 나머지 수를 조건에 맞게 써넣으면 다음과 같습니다.

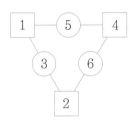

[답] 풀이 참조

2 연결된 선이 가장 많은 나와 마에 연속한 수가 가장 적은 1과 6을 써넣습니다.
1과 이웃하는 수 2를 선으로 연결된 곳이 아닌 비에 넣고, 6과 이웃하는 수 5를 마와 선으로 연결된 곳이 아닌 가에 넣습니다. 마지막으로 5와 이웃하는 수 4를 5와 선으로 연결된 곳이 아닌 라에, 2와 이웃하는 수 3을 2와 선으로 연결된 곳이 아닌 다에 넣으면 됩니다.

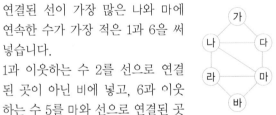

[답]

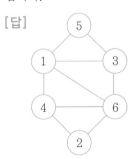

유형 01-2 행복한 수   P.12~p.13

1   7을 반드시 포함하므로 7을 뺀
1+2+3+4+5+6+8+9=38에서 합이 23이 되는 6개의 숫자는 1, 2, 3, 4, 5, 8입니다.

[답] 1, 2, 3, 4, 5, 7, 8

2   사용할 수 있는 7개 숫자 중 가장 큰 숫자는 8입니다.

[답] 8

3   남아 있는 수가 1, 2, 3, 4, 5이고, 어떤 수의 3배가 되는 경우는 1과 3뿐이므로 여섯째 번 숫자는 3, 마지막 숫자는 1이 됩니다.

[답] 3, 1

4   남아있는 수가 2, 4, 5이고, 이 중 7과의 차를 구할 수 있는 경우는 7−2=5 또는 7−5=2입니다.
따라서 조건을 만족하는 가장 큰 일곱 자리 수는 8457231입니다.

[답] 8457231

확인문제

1   맨 앞의 숫자는 5, 맨 뒤의 숫자는 7이므로 가운데 숫자는 2입니다. 가운데 숫자 2와 여섯째 번 숫자의 합이 맨 앞의 숫자 5와 같으므로 여섯째 번 숫자는 3입니다.
왼쪽에서 둘째 번과 셋째 번 숫자의 차는 여섯째 번 숫자와 같으므로 조건에 맞는 남아 있는 숫자 1, 4, 6 중에서 두 수의 차가 3이 되는 것은 1과 4입니다.
따라서, 6은 다섯째 번 자리에 와야 하고 가장 작은 일곱 자리 수를 구하는 것이므로 둘째 번 자리에는 1, 셋째 번 자리에는 4가 와야 합니다.

[답] 5142637

2   1에서 9까지의 수의 합은 1+2+⋯+9=45입니다.
7과 9사이의 수의 합은 29이므로 7과 9는 양끝 칸에 들어갑니다.
6과 7 사이의 수의 합은 21이고, 사용한 숫자 6, 7, 9를 뺀 나머지 수를 모두 더하면 23이므로 6과 7 사이에 들어갈 수는 2를 제외한 수입니다.
남은 수는 1, 3, 4, 5, 8이고, 3과 6 사이의 수들의

합은 8이므로 3과 6 사이에는 8만 들어갑니다.
남아 있는 1, 4, 5 중에서 1과 3 사이의 수들의 합이 5가 되도록 빈칸을 채워 넣으면 다음과 같습니다.

| 7 | 4 | 1 | 5 | 3 | 8 | 6 | 2 | 9 | 또는

| 9 | 2 | 6 | 8 | 3 | 5 | 1 | 4 | 7 |

[답] 741538629 또는 926835147

창의사고력 다지기   P.14~p.15

1   ①을 기준으로 하면 ①옆에 올 수 있는 수는 4, 5, 6입니다.

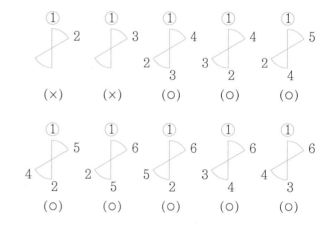

이웃한 두 수의 합과 마주보는 두 수의 합이 같음을 이용하여 나머지 수를 써넣습니다.

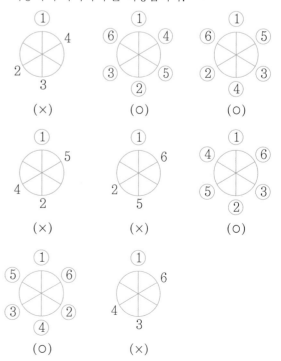

[답] 풀이 참조

2 모든 화살표가 시작하는 ㉮에 알맞은 수는 1입니다.
㉰보다 큰 수는 ㉯, ㉱, ㉲로 3개입니다.
따라서 ㉰에 올 수 있는 수는 2뿐입니다.

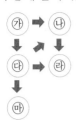

[답]

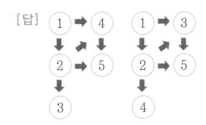

3 조건 ㉣에서 8과 9를 포함한 수의 합은
8+9+26=43이므로 8과 9 사이에는 45−43=2를
제외한 수가 들어갑니다.
또, 조건 ㉢에서 7과 8 사이의 수의 합은 19이므로
7과 8 사이에는 남은 모든 수 1, 3, 4, 5, 6이 들어갑
니다. 조건 ㉠과 ㉡을 이용하여 가장 작은 수를 만들
면 다음과 같습니다.

2	8	1	6	5	3	4	7	9

[답] 281653479

4 [답]

```
 1  6              1  6
  7    9    또는    7    9
5  2  4  3        5  2  3  4
```

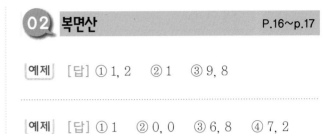

02 복면산 P.16~p.17

예제 [답] ① 1, 2　② 1　③ 9, 8

예제 [답] ① 1　② 0, 0　③ 6, 8　④ 7, 2

유형 02-1 복면산(1) P.18~p.19

1 AB×A의 값이 AB이므로 A는 1을 나타냅니다.
[답] 1

2 2×2=4, 2+2=4이므로 B=2, C=4입니다.
[답] B=2, C=4

확 인 문 제

1 가가 나타내는 숫자가 1이면 가와 나 나타내는 숫
자가 같아지고, 가가 나타내는 숫자가 3보다 크면 곱
이 네 자리 수가 됩니다.
따라서 가가 나타내는 수는 2 또는 3이고, 각 경우에
나가 나타내는 수는 4 또는 9가 됩니다.

[답] 가=2, 나=4 또는 가=3, 나=9

2 나×나의 일의 자리 숫자가 4가 되려면 나=2 또는
나=8입니다.

① 나=2인 경우, 나×가의 일의 자
리숫자가 4이므로, 가=2 또는 7
입니다. 그런데 2가 될 수 없으므
로 가=7입니다. 하지만 이 식은
□ 안에 4인 수가 있으므로 답이
될 수 없습니다.

```
   7 2
 × 2 7
 ─────
   5 0 4
   1 4 4
 ─────
 1 9 4 4
```

② 나=8인 경우, 나×가의 일의 자
리숫자가 4이므로 가=3 또는 8
입니다. 그런데 가는 8이 될 수
없으므로 가=3입니다.
따라서 가×나=3×8=24입니다.

```
   3 8
 × 8 3
 ─────
   1 1 4
   3 0 4
 ─────
 3 1 5 4
```

[답] 24

유형 O2-2 복면산 (2) P.20~p.21

1 9와 곱하여 올림이 없으므로 가=1 입니다.

$$\begin{array}{r} \boxed{1}\,나\,다\,라 \\ \times\qquad 9 \\ \hline 라\,다\,나\,\boxed{1} \end{array}$$

[답] 1

2 라×9의 일의 자리 숫자가 1이므로 라=9입니다.

$$\begin{array}{r} \boxed{1}\,나\,다\,\boxed{9} \\ \times\qquad 9 \\ \hline \boxed{9}\,다\,나\,\boxed{1} \end{array}$$

[답] 9

3 나×9의 일의 자리 숫자는 다이고, 올림이 없으므로 나=0입니다.

$$\begin{array}{r} \boxed{1}\,\boxed{0}\,다\,\boxed{9} \\ \times\qquad 9 \\ \hline \boxed{9}\,다\,\boxed{0}\,\boxed{1} \end{array}$$

[답] 0

4 다×9의 값에 올림된 8을 더하였을 때 일의 자리 숫자가 0이므로 다=8입니다.

$$\begin{array}{r} \boxed{1}\,\boxed{0}\,\boxed{8}\,\boxed{9} \\ \times\qquad 9 \\ \hline \boxed{9}\,\boxed{8}\,\boxed{0}\,\boxed{1} \end{array}$$

[답] 8

확인문제

1 ㄱ을 4번 더한 값이 ㄹ이므로 ㄱ이 될 수 있는 숫자는 1 또는 2입니다.

① ㄱ=1인 경우, 일의 자리 덧셈에서 ㄹ을 4번 더한 값이 1이 되는 경우를 찾을 수 없으므로 조건에 맞지 않습니다.

$$\begin{array}{r} 2\,ㄴ\,ㄷ\,8 \\ 2\,ㄴ\,ㄷ\,8 \\ 2\,ㄴ\,ㄷ\,8 \\ +\,2\,ㄴ\,ㄷ\,8 \\ \hline 8\,ㄷ\,ㄴ\,2 \end{array}$$

② ㄱ=2인 경우, 일의 자리 덧셈에서 ㄹ=8이 됩니다.
이때, 백의 자리 덧셈에서 ㄴ을 4번 더한 값은 ㄷ보다 작거나 같아야 하므로 ㄴ이 나타내는 숫자는 0 또는 1입니다.
ㄷ+ㄷ+ㄷ+ㄷ+3의 일의 자리 숫자가 ㄴ이므로 ㄴ=1, ㄷ=7이 됩니다.

[답] 2178

2 AB×A=CCC를 만족하는 CCC의 값은 111뿐입니다.
C= 1일 때, A=3, B=7이 됩니다.

$$\begin{array}{r} 3\,7 \\ \times\quad 3 \\ \hline 1\,1\,1 \end{array}$$

[답] A=3, B=7, C=1

창의사고력 다지기 P.22~p.23

1 일의 자리에서 세 수를 더한 합의 일의 자리 숫자가 7이 되는 경우는 9뿐이므로 C=9입니다.
십의 자리 덧셈에서 2+B+B+B=7이 되는 B=5이고, 이때, 1+A+A+A= 7이 되려면 A=2가 되어야 합니다.
따라서 A=2, B=5, C=9이고, A+B+C=16입니다.

$$\begin{array}{r} A\,B\,C \\ A\,B\,C \\ A\,B\,C \\ +\,A\,B\,C \\ \hline 7\,7\,7 \end{array}$$

[답] 16

2 나×나의 일의 자리 숫자가 나이므로, 나가 나타내는 수는 1, 5, 6 중 하나입니다.
가나×나=3다나이므로 나는 1이 될 수 없습니다.
나=5일 때, 가나×나=3다나를 만족하려면 가=6, 다=2입니다.
하지만 이때, 65×25의 곱은 주어진 식을 만족하지 못하므로 나=5가 될 수 없습니다.
따라서 나=6일 때, 가=5가 되고 56×6=336에서 다=3이 됩니다.

$$\begin{array}{r} 5\,6 \\ \times\ 3\,6 \\ \hline 3\,3\,6 \\ 1\,6\,8\ \\ \hline 2\,0\,1\,6 \end{array}$$

[답] 2016

3 ① 일의 자리에서 ㄴ은 같은 수끼리의 차이므로 0이 됩니다.

$$\begin{array}{r} ㄱ\,ㄴ\,ㄱ \\ -\,ㄷ\,ㄱ \\ \hline ㄱ\,ㄴ \end{array}$$

② 세 자리 수의 백의 자리 숫자 ㄱ에 올 수 있는 수는 1이고, 이때 ㄷ에 9가 들어가게 되면 조건에 맞는 식이 성립됩니다.

$$\begin{array}{r} 1\,0\,1 \\ -\,ㄷ\,1 \\ \hline 1\,0 \end{array}$$

[답] ㄱ=1, ㄴ=0, ㄷ=9

4 일의 자리의 덧셈에서 D+D의 일의 자리 숫자가 D 이므로 D=0입니다. 세 자리 수의 합에서 천의 자리 숫자 G가 될 수 있는 숫자는 G=1입니다.
이때, 합의 십의 자리와 백의 자리의 계산에서 일의 자리 숫자가 같으므로 BAD에 들어갈 수 있는 세 자리 수는 720, 830, 940입니다.
따라서 GOOD가 될 수 있는 수는
720+720=1440,
830+830=1660,
940+940=1880입니다.

[답] 1440, 1660, 1880

03 포포즈 P.24~p.25

예제 [답] 16, 16, (5+9÷3)×2,
17−(5+9÷3)×2=1

유제 계산 결과가 가장 크려면 빼는 수나 나누는 수가 작아야 하고 곱하는 수가 커야 합니다.
÷를 먼저 계산하고, 5를 더한 후에 3을 곱했을 때 그 결과가 가장 커지므로 5+8−6÷2에 괄호를 하면 (5+8−6÷2)×3=30이 됩니다.
[답] 30

예제 [답]
3−1−1=1 ➡ 3−(3÷3)−(3÷3)=1
3−1×1=2 ➡ 3 − (3÷3) × (3÷3)=2
3×1×1=3 ➡ 3⊗(3÷3)⊗(3÷3)=3
3⊕1⊗1=4 ➡ 3⊕(3÷3)⊗(3÷3)=4
3⊕1⊕1=5 ➡ 3⊕(3÷3)⊕(3÷3)=5
이 외에도 여러 가지 경우가 있습니다.

유제 3, 3, 7, 7과 연산 기호를 사용하여 25에 가장 가까운 수를 만들면 3×7=21입니다. 남은 두 수 3과 7을 사용하여 4를 만들어 더하면 25가 됩니다.
➡ 3×7+7−3=25
[답] 3×7+7−3=25

유형 03-1 4개의 6 P.26~p.27

1 1×1=1이므로 6÷6×6÷6=1입니다.
1+1=2이므로 6÷6+6÷6=2입니다.
[답] 6÷6×6÷6=1, 6÷6+6÷6=2

2 6−2=4이므로 6−(6+6)÷6=4입니다.
2+6=8이므로 6+(6+6)÷6=8입니다.
[답] 6−(6+6)÷6=4, 6+(6+6)÷6=8

3 18÷6=3이므로 (6+6+6)÷6=3입니다.
30÷6=5이므로 (6×6−6)÷6=5입니다.
[답] (6+6+6)÷6=3, (6×6−6)÷6=5

4 6+0=6이므로 6+(6−6)×6=6입니다.
42÷6=7이므로 (6×6+6)÷6=7입니다.
[답] (6−6)×6+6=6, (6×6+6)÷6=7

확인문제

1 4와 3으로 만들 수 있는 수는 34, 43, 4+3=7, 4−3=1, 4×3=12이고, 2와 1로 만들 수 있는 수는 12, 21, 2+1=3, 2−1=1, 2×1=2, 2÷1=2입니다.
이것을 이용하여 0에서 5까지의 수를 만들면 됩니다.
1−1=0이므로   (4−3)−(2−1)=0,
1×1=1이므로   (4−3)×(2−1)=1,
1+1=2이므로   (4−3)+(2−1)=2,
1+2=3이므로   (4−3)+2×1=3,
12÷3=4이므로   (4×3)÷(1+2)=4,
7−2=5이므로   (4+3)−2×1=5입니다.
이외에도 여러 가지 경우가 있습니다.
[답] 풀이 참조

2 2와 3으로 만들 수 있는 수는 23, 32, 2+3=5, 3−2=1, 3×2=6이고 4와 5로 만들 수 있는 수는 45, 54, 4+5=9, 5−4=1, 5×4=20입니다.
이것을 이용하여 0에서 6까지의 수를 만들면 다음과 같습니다.

예 1−1=0 ➡ (3−2)−(5−4)=0
1×1=1 ➡ (3−2)×(5−4)=1
1+1=2 ➡ (3−2)+(5−4)=2
9−6=3 ➡ (4+5)−3×2=3
5−1=4 ➡ (2+3)−(5−4)=4
5×1=5 ➡ (2+3)×(5−4)=5
5+1=6 ➡ (2+3)+(5−4)=6

[답] 풀이 참조

유형 03-2 괄호 넣기 P.28~p.29

1 [답] 100−(70+20)÷5

2 [답] {100−(70+20)÷5}×2=164

3 [답] 100−70+20÷(5×2)

4 [답] {100−(70+20)}÷(5×2)=1

5 164−1=163
[답] 163

확인문제

1 계산 결과가 작으려면 빼거나 나누는 수가 커야 합니다. 빼는 수가 가장 큰 경우는
$(100+30\div6)=105$이므로
$1000-(100+30\div6)=895$입니다.
나누는 수는 6으로 정해져 있으므로 나누어지는 수가 작을수록 그 결과가 작아집니다.
$1000-100+30$의 값이 가장 작게 되도록 괄호를 넣으면 $1000-(100+30)$이므로 계산 결과가 가장 작은 경우는 $\{1000-(100+30)\}\div6=145$입니다.

[답] 145

2 10을 4로 나눌 수 없으므로 '÷4' 앞의 식이 4의 배수가 되어야 합니다. $6\div3\times10=20$이므로 4의 배수이고, 계산 결과가 1이므로 나누는 수가 20이 되도록 만들면 $(4\times6-4)$가 됩니다.
따라서 $6\div3\times10\div(4\times6-4)=1$입니다.

[답] $6\div3\times10\div(4\times6-4)=1$

창의사고력 다지기

P.30~p.31

1 $5\div5=1$을 이용하여
$5-1\times1=4$ ➡ $5-(5\div5)\times(5\div5)=4$와
$5-1-1=3$ ➡ $5-5\div5-5\div5=3$을 만들 수 있고,
$(5+5)\div5=2$를 이용하여
$2\times1=2$ ➡ $(5+5)\div5\times5\div5=2$와
$2-1=1$ ➡ $(5+5)\div5-5\div5=1$을 만들 수 있습니다.
이외에도 여러 가지 방법이 있습니다.

[답] 예 $(5+5)\div5-5\div5=1$, $(5+5)\div5\times5\div5=2$,
$5-5\div5-5\div5=3$, $5-(5\div5)\times(5\div5)=4$

2 8의 3배가 24이므로 9, 2, 4를 이용하여 3을 만들면 됩니다.
$9-2-4=3$이므로 $(9-2-4)\times8=24$를 만들 수 있습니다.

[답] $(9-2-4)\times8=24$

3 $+$, $\times$, $\div$가 순서대로 사용되므로 나누는 수가 가장 작은 수인 1이 되고, 곱하는 수는 가장 큰 수인 9가 됩니다. 따라서 4개의 숫자를 사용하여 만들 수 있는 계산 결과가 가장 큰 식은 $(7+8)\times9\div1=135$입니다.

[답] $(7+8)\times9\div1=135$

4 $9+9=18$, $9-9=0$, $9\times9=81$, $9\div9=1$입니다.
이 수들을 이용하여 만들 수 있는 수는 $18+1=19$, $81-1=80$, $81+0=81$, …이므로
$9+9+9\div9=19$, $9\times9-9\div9=80$,
$9\times9+9-9=81$입니다.
$(9+9)\div9=2$이므로 $9-2=7$ ➡ $9-(9+9)\div9=7$
$(9-9)\times9=0$이므로 $9-0=9$ ➡ $9-(9-9)\times9=9$
$9\times9+9=90$이므로 $90\div9=10$
　　　　　　➡ $(9\times9+9)\div9=10$
$99\div9=11$이므로 $11+9=20$ ➡ $99\div9+9=20$
$9\times9\times9=729$이므로 $729-9=720$
　　　　　　➡ $9\times9\times9-9=720$

[답] (1) $9-(9+9)\div9=7$　　(2) $9-(9-9)\times9=9$
(3) $(9\times9+9)\div9=10$　(4) $9+9+9\div9=19$
(5) $99\div9+9=20$　　　(6) $9\times9-9\div9=80$
(7) $9\times9+9-9=81$　　(8) $9\times9\times9-9=720$

Ⅱ 언어와 논리

04 수 퍼즐
P.34~p.35

[예제] [답] ① 4, 5, 4   ② 3, 5, 6, 5

6	2	3	1	4	5
1	5	4	6	3	2
2	4	6	5	1	3
3	1	5	2	6	4
5	3	1	4	2	6
4	6	2	3	5	1

[예제] [답] ① 2, 2, 1, 3, 2   ② 1, 2   ③ 3, 1, 4, 3

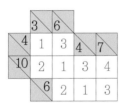

유형 04-1 블록 퍼즐
P.36~p.37

1 (가) 아래의 블록 안에는 수의 합이 9이므로 정확한 칸의 위치는 알 수 없지만 2, 3, 4가 들어감을 알 수 있습니다. (가)가 있는 세로줄에는 1, 2, 3, 4가 모두 들어가야 하므로 (가)에는 1이 들어갑니다. 또, (다)가 있는 블록 안의 수의 합은 6이므로 (나)=2, (다)=3이 거나 (나)=3, (다)=2입니다. 그런데 (라) 아래의 블록 안의 수의 합은 3이므로 1과 2가 들어갑니다.
따라서 (나)=3이어야 하고 (다)=2입니다. 또, (라)와 (마) 의 합이 7이므로 (라)=3, (마)=4이거나 (라)=4, (마)=3 입니다.
그런데 (나)=3이므로 (라)=4이고, (마)=3입니다.

$\boxed{3}+\boxed{4}=7 \leftarrow$

	(다)	(나)	(가)	$\rightarrow \boxed{1}+\boxed{2}+\boxed{3}=6$
	(마)	(라)		

$\boxed{1}+\boxed{2}=3 \leftarrow$ $\rightarrow 2+3+4=9$

[답] 풀이 참조, (가)=1, (나)=3, (다)=2, (라)=4, (마)=3

2 **1**에서 써넣은 숫자를 이용하여 규칙에 맞게 나머지 빈칸에 알맞은 숫자를 써넣습니다.

[답]

4	6₂	3	1
5₁	7₃	4	2
6₂	4	1	9₃
4₃	1	3₂	4

확인문제

1 (1) 다음과 같은 순서대로 각 칸에 수를 써넣습니다.

①
4		6₂	4
	4		
			3
7	9	4	7₃

②
4₃	1	6₂	4
	4₃	1	
			3
7	9	4	7₃

③
4₃	1	6₂	4
	4₃	1	2
	4	3	3₁
7	9₂	4	7₃

④
4₃	1	6₂	4
4	4₃	1	2
2	4	3	3₁
7₁	9₂	4	7₃

[답]

4₃	1	6₂	4
4	4₃	1	2
2	4	3	3₁
7₁	9₂	4	7₃

(2) 다음과 같은 순서대로 각 칸에 수를 써넣습니다.

①
	9		
8	4	4	
6₂	4	7₃	6

②
	9₃	2	4
8	4	4	
6₂	4	7₃	6

③
	9₃	2	4
	2	1	
8	4₁	4	
6₂	4	7₃	6

④
1	9₃	2	4
4	2	1	3
8₃	4₁	4	2
6₂	4	7₃	6₁

[답]

1	9₃	2	4
4	2	1	3
8₃	4₁	4	2
6₂	4	7₃	6₁

유형 O4-2 변형 스도쿠 P.38~p.39

1 [답]

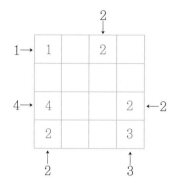

2 [답]

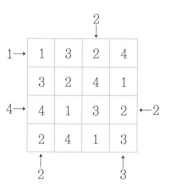

3 [답]

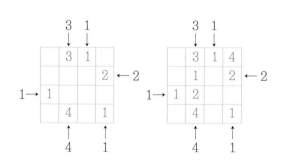

확 인 문 제

1

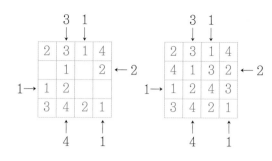

[답]

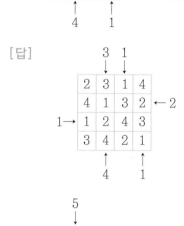

2

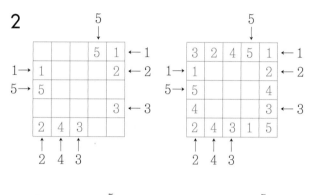

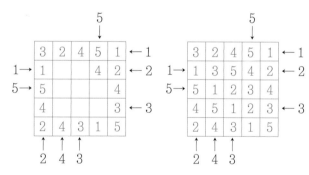

[답]

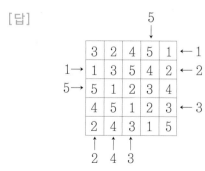

1 (1) 다음과 같은 순서로 숫자를 써넣습니다.

①
		2	4		1
				2	5
		1			2
2			6		
6					
5		3	2		

②
		2	4	6	1
		6		2	5
	6	1			2
2			6		
6					
5		3	2		6

③
	5	2	4	6	1
1		6	3	2	5
		6	1		2
2		5	6	1	
6			1		
5	1	3	2		6

④
3	5	2	4	6	1
1	4	6	3	2	5
4	6	1	5	3	2
2	3	5	6	1	4
6	2	4	1	5	3
5	1	3	2	4	6

[답]
3	5	2	4	6	1
1	4	6	3	2	5
4	6	1	5	3	2
2	3	5	6	1	4
6	2	4	1	5	3
5	1	3	2	4	6

(2) 다음과 같이 숫자 5, 2, 4, 6을 순서대로 써넣은 후, 나머지 빈칸도 채워 넣습니다.

①
		3	5		
				2	5
5	4	1	3	6	2
	5	2	6	3	
6	2	5		1	
	6	4	1		5

5→2→4→6

②
		3	5		
		6	2	5	
5	4	1	3	6	2
1	5	2	6	3	4
6	2	5		1	
3	6	4	1		5

6→3→4→1

③
		3	5		
		6	2	5	1
5	4	1	3	6	2
1	5	2	6	3	4
6	2	5	4	1	3
3	6	4	1	2	5

4→2→3→1

④
2	1	3	5	4	6
4	3	6	2	5	1
5	4	1	3	6	2
1	5	2	6	3	4
6	2	5	4	1	3
3	6	4	1	2	5

[답]
2	1	3	5	4	6
4	3	6	2	5	1
5	4	1	3	6	2
1	5	2	6	3	4
6	2	5	4	1	3
3	6	4	1	2	5

2 (1) 먼저 한 가지 경우로 수가 들어갈 수 있는 칸을 찾아 써넣으면 다음과 같습니다.

①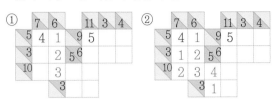

②

③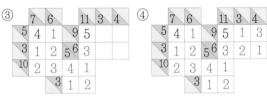

④

[답]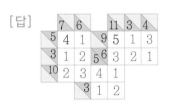

(2) 먼저 한 가지 경우로 수가 들어갈 수 있는 칸을 찾아 써넣으면 다음과 같습니다.

①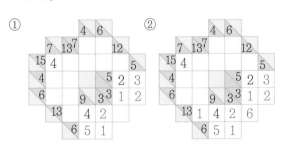

②

③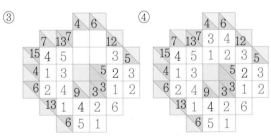

④

[답]

05 님게임　　　P.42~p.43

예제　[답] ① 9, 10, 2, 10, 1, 지게　② 지게, 6
　　　　③ 6, 2　④ 1, 2, 2

예제　[답] ① 4, 46　② 4, 42
　　　　③ 4, 4, 12, 2, 나머지, 2　④ 먼저, 2

유제　35를 말하기 위해서는 마지막에 31을 말해야 하므로, 거꾸로 생각하여 27, 23, 19, 15, 11, 7, 3을 차례로 말하려면 먼저 시작하여 3을 말해야 합니다.

　　[답] 3

유형 05-1　달력 지우기　　　P.44~p.45

1 상대방이 반드시 마지막 날짜를 지우게 하려면 하루는 남겨 두어야 하므로 마지막에 30일을 지워야 합니다.

[답] 30일

2 최대 7일, 최소 1일의 날짜를 지워서 30일을 지우려면 그 전 차례에는 30보다 7+1=8 작은 수인 22일을 지워야 합니다.

상대방(일)	나(일)
1	7
2	6
3	5
4	4
5	3
6	2
7	1

[답] 22일

3 22일을 지우기 위해서는 22-8=14(일)을 지워야 하고, 14일을 지우기 위해서는 14-8=6(일)을 반드시 지워야 합니다.

[답] 22일, 14일, 6일

4 반드시 지워야 하는 날짜 중 가장 빠른 날짜는 6일이므로 먼저 시작하여 1, 2, 3, 4, 5, 6일을 지웁니다.

[답] 6일, 먼저 시작하여 6일까지 지웁니다.

5 11월의 달력에서는 1일부터 11일까지의 날짜를 지울 수 있습니다. 11월의 마지막 날짜는 30일이므로 30일을 지우지 않으려면 29일부터 (1+11)일씩 거꾸로 일을 지워나가 17일, 5일을 지워야 합니다. 따라서 먼저 시작하여 1, 2, 3, 4, 5일을 지우면 이길 수 있습니다.

[답] 풀이 참조

확인문제

1 집을 수 있는 최대 개수가 3개, 최소 개수가 1개이므로 마지막 구슬을 집으려면 15에서 4씩 작아지는 11째 번, 7째 번, 3째 번 구슬을 집어야 합니다. 따라서 처음에 3개를 집어야 합니다.

[답] 3개

2 28을 지우는 사람이 지는 게임이므로 27을 지우는 사람이 반드시 이기게 됩니다. 지울 수 있는 최대 날수가 4일, 최소 날수가 1일이므로 27일을 지우려면 27에서 5씩 작아지는 22, 17, 12, 7, 2일을 반드시 지워야 합니다. 1, 2, 3일이 이미 지워져 있으므로 처음에 4, 5, 6, 7을 지워야 이길 수 있습니다.

[답] 7일

유형 05-2　100 말하기　　　P.46~p.47

1 [답] 가장 큰 수 : 10, 가장 작은 수 : 1

2 가장 큰 수인 10과 가장 작은 수인 1을 더한 11만큼 작은 수를 말해야 하므로 100-11=89를 말해야 합니다.

[답] 89

3 11씩 작은 수를 모두 말해야 하므로 78, 67, 56, 45, 34, 23, 12, 1입니다.

[답] 78, 67, 56, 45, 34, 23, 12, 1

4 반드시 말해야 하는 수 중에서 가장 작은 수인 1입니다. 이것은 100을 11로 나눈 나머지와 같습니다.

[답] 1

5 1을 말해야 목표수인 100을 말할 수 있으므로 먼저 시작하여 1을 말해야 합니다.
따라서 먼저 하는 것이 유리합니다.

[답] 풀이 참조

확인문제

1 더할 수 있는 가장 큰 수가 4, 가장 작은 수가 1이므로 23보다 5씩 작은 수를 계속 말해야 합니다.
따라서 처음에 $23÷5=4\cdots3$의 나머지인 3을 말해야 이길 수 있습니다.

[답] 3

2 말할 수 있는 수의 최대 개수는 5개, 최소 개수는 1개입니다. 따라서 $100÷6=16\cdots4$이므로 처음에 4를 말해야 반드시 이길 수 있습니다.

[답] 4

창의사고력 다지기   P.48~p.49

1 한 번에 공을 던지는 최대 개수가 3개, 최소 개수가 1개이므로 22개를 던지려면 22에서 4씩 작아지는 18개, 14개, 10개, 6개, 2개를 반드시 던져야 합니다. 따라서 영민이는 처음에 2개를 던져야 합니다.

[답] 2개

2 가져갈 수 있는 야구공의 최대 개수는 7개, 최소 개수는 1개이므로 40개의 야구공을 한 줄로 늘어놓았을 때, 40째 번 공을 가져가려면 40에서 8씩 작아지는 32, 24, 16, 8째 번 공을 반드시 가져가야 합니다. 승엽이가 먼저 2개의 공을 가져갔으므로 6개의 공을 가져가면 반드시 찬호가 이깁니다.

[답] 6개의 야구공을 가져 갑니다.

3 읽을 수 있는 쪽수는 최대 6쪽, 최소 1쪽이므로 효신이가 50쪽을 읽으려면 그 전 차례에 50보다 7씩 작아지는 43, 36, 29, 22, 15, 8, 1쪽을 반드시 읽어야 합니다.
따라서 먼저 시작하여 1쪽을 읽습니다.
➡ $50÷(6+1)=7\cdots1$

[답] 먼저 시작하여 1쪽을 읽습니다.

4 31일을 지우는 사람이 지게 되므로 반드시 이기려면 30일을 지워야 합니다. 30일을 지우기 위해서는 30일에서 $1+5=6$(일)을 뺀 23일을 지우면 됩니다. 이와 같은 방법으로 거꾸로 생각하면 23일을 지우기 위해서 16일을 반드시 지워야 하고, 16일을 지우기 위해서 8일을 지워야 합니다. 8일을 지우기 위해서는 반드시 2일을 지워야 합니다.
따라서 지워야 하는 날짜 중 가장 빠른 날짜는 2일이므로 처음에 1일과 2일 즉, 2일까지 지워야 합니다.

[답] 2일

06 전략 게임   P.50~p.51

예제   [답] ① 후수   ② 2, 오른쪽, 1, 2, 후수
              ③ 6, 12, 후수

- -

예제   [답] ① ㉡, ㉢, ㉣   ② ㉥   ③ ㉣, ㉤
              ⑤ 먼저, ㉠, ㉢

유형 06-1 바둑알 옮기기   P.52~p.53

1 먼저 시작한 사람이 ①이나 ③에 바둑돌을 놓으면 나중에 시작한 사람이 오른쪽이나 위쪽으로 이동하여 이기게 되므로 나중에 하는 사람이 유리합니다.

[답] 나중에 하는 사람

2 먼저 하는 사람이 1칸 이동하면 ⑤나 ⑦의 위치이므로 나중에 하는 사람이 ②의 위치로 바둑돌을 옮기면 2×2칸짜리와 같은 상황이 되어 이기게 됩니다.

[답] 나중에 하는 사람은 처음에 ②의 위치로 바둑돌을 옮겨야 합니다.

3 도착점에서 대각선에 위치한 지점에 바둑돌을 놓으면 항상 이기게 되므로 ②, ⑥, ⑫입니다.

[답] ②, ⑥, ⑫

4 **3**에서 구한 마지막 지점인 ⑫는 시작점과 같은 줄에 있으므로, 먼저 시작하여 오른쪽으로 2칸 이동하여 ⑫, ⑥, ②의 위치에 놓으면 이길 수 있습니다.

[답] 풀이 참조

확인문제

1 도착점에 먼저 선분을 그으려면 출발점과 도착점을 연결한 대각선 위에 있는 점을 먼저 연결해야 합니다. 따라서 상대방이 연결한 선의 끝에서 오른쪽으로 두 칸을 이어 대각선 위의 점까지 연결해야 합니다.

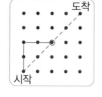

[답] 풀이 참조

2 대각선 위의 점에 도착하도록 선분을 그으면 상대방은 한 번에 끝점에 도착할 수 없습니다. 시작점과 가장 가까운 대각선 위의 점이 시작점의 오른쪽 1칸 옆에 있으므로 먼저 시작하여 오른쪽으로 1칸을 연결한 선분을 긋습니다.

[답] 풀이 참조

유형 06-2 상자 밀기   P.54~p.55

1 B 상자의 오른쪽 부분이 막혀 있어서 왼쪽 방향으로 이동할 수는 없으므로 아래 방향으로 밀어서 ②의 위치로만 움직일 수 있습니다.

[답] ②

2

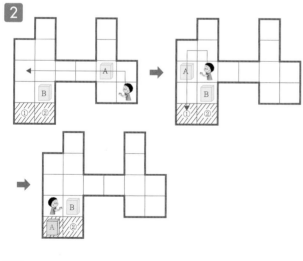

3

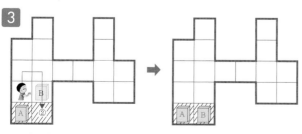

[답] 풀이 참조

확인문제

1 (1) 네 개의 공 1, 2, 3, 4를 각 상자에 넣는 과정을 그림으로 나타내면 다음과 같습니다.

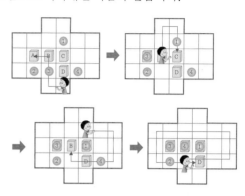

[답] ① - C 상자, ② - D 상자, ③ - A 상자,
④ - B 상자
이외에도 여러 가지 경우가 있습니다.

(2) 네 개의 공 1, 2, 3, 4를 각 상자에 넣는 방법은 아래의 방법을 포함하여 여러 가지가 있습니다.

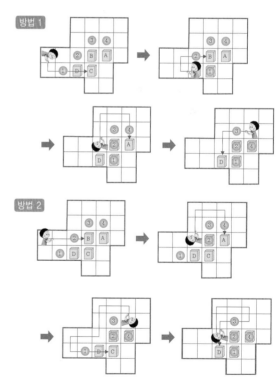

[답] ① - C 상자, ② - B 상자, ③ - D 상자,
④ - A 상자
이외에도 여러 가지 경우가 있습니다.

1 도착점의 왼쪽 대각선 위의 칸을 차지하는 사람이 이길 수 있으므로 먼저 시작하여 아래로 두 칸 이동하면 게임에서 이길 수 있습니다.

[답] 풀이 참조

2 도착점에 먼저 도착하려면 시작점과 도착점을 연결한 대각선 위에 있는 점을 먼저 연결해야 합니다. 따라서 상대방이 연결한 선에서 아래로 두 칸 선분을 이으면 됩니다.

[답] 풀이 참조

3 그 칸으로 움직이면 반드시 지게 되는 칸에는 ×표, 이기게 되는 칸에는 ○표를 하면 오른쪽과 같습니다.
따라서 먼저 시작하여 ○표 된 칸으로만 움직이면 이길 수 있습니다.

○	×	○	×	골대
×	○	×	×	골대
○	×	○	×	골대
●	○	×	×	골대

[답] 풀이 참조

4

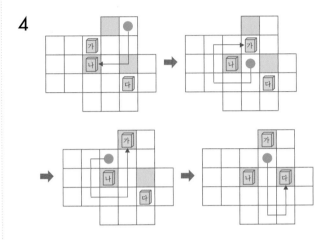

[답] 풀이 참조
이외에도 여러 가지 경우가 있습니다.

Ⅲ 도형

07 거울에 비친 모양   P.60~p.61

[예제] [답] ① 변하지 않습니다.

③ 돌리는, ㄷ  , ㄱ, ㄹ

[유제]

[답] ㄱ 돌리기 ㄴ 돌리기 ㄷ 뒤집기

[예제] [답] ① 거울

②

[유제] ②  는 반으로 접었을 때, 완전히 포개어지지 않으므로 만들 수 없는 모양입니다.

[답] ②

유형 07-1 셀로판지 겹치기   P.62~p.63

1 직선 가를 기준으로 오른쪽으로 뒤집으면 그림의 왼쪽과 오른쪽이 바뀌므로 셀로판지에 비치는 수는 3은 2, 2는 3, 6은 7, 5는 8, 9는 12로 바뀝니다.

[답]

1	2	3	4
5	6	7	8
9	10	11	12
13	14	15	16

2 반 바퀴 돌린 모양은 원래의 그림에서 왼쪽과 오른쪽, 위쪽과 아랫쪽의 위치가 모두 바뀌므로 셀로판지에 비치는 수는 2는 15, 3은 14, 7은 10, 8은 9, 12는 5로 바뀝니다.

[답]

1	2	3	4
5	6	7	8
9	10	11	12
13	14	15	16

3 5+9+10+14+15=53

[답] 53

확인문제

1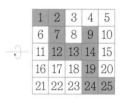

1+2+7+9+12+13+14+19+24+25=126

[답] 126

2 세 장의 필름지를 다음과 같은 모양으로 움직여서 겹칠 때 색칠된 칸의 개수를 최대, 최소로 만들 수 있습니다.

최대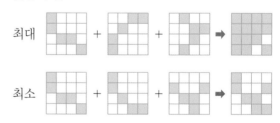

최소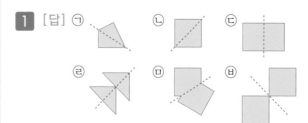

[답] 최대 : 14칸, 최소 : 7칸

유형 07-2 거울을 세워 나타낼 수 있는 모양 P.64~p.65

1 [답] ㄱ   ㄴ   ㄷ

ㄹ   ㅁ   ㅂ

2 [답]

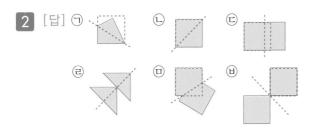

3 [답] ㉠, ㉡, ㉢, ㉤, ㉥

확인문제

1

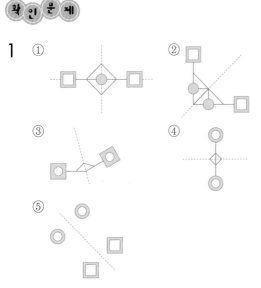

①~⑤의 그림 위에 거울을 세운 위치를 점선으로 나타내었을 때, 원래 그림에 같은 위치를 표시할 수 없는 것을 찾습니다.

[답] ①, ⑤

2 ①~⑤의 모양을 원래 그림에서 찾으면 ①, ③, ④의 위치는 다음과 같습니다.

[답] ①, ③, ④

---

1 두 도형이 만나서 겹쳐지는 부분이 만드는 다각형은 그림과 같은 순서를 나타냅니다.

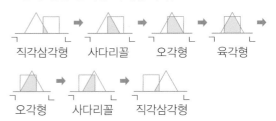

직각삼각형   사다리꼴   오각형   육각형

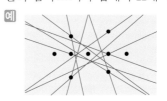

오각형   사다리꼴   직각삼각형

[답] 직각삼각형, 사다리꼴, 오각형, 육각형, 오각형, 사다리꼴, 직각삼각형

2 종이와 거울에 비친 점의 개수는 같으므로 각각 5개 반의 점이 보여야 합해서 11개의 점이 됩니다.

예

[답] 풀이 참조

이유 : 종이와 거울에 비친 점의 개수는 같으므로 각각 5개와 절반의 점이 보여야 합해서 11개의 점이 됩니다.

3

[답] ㉣, ㉦

4 주어진 도형을 네 방향으로 돌린 다음 한 장의 모눈종이에 모두 표시하면 색칠되지 않은 칸 1개가 남습니다.

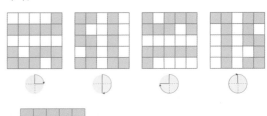

[답] 1칸

08 도형 붙이기　　　　　　　　P.68~p.69

예제 [답] ① 2

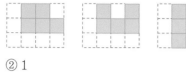

② 1

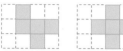

③ 2

유제 [답]

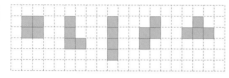

예제 [답] ②

③ 4

유제 한 변의 길이가 같은 정삼각형 3개를 변끼리 붙여 만들 수 있는 도형은 한 가지뿐입니다.

[답]

유형 08-1　직각삼각형 붙이기　　P.70~p.71

1 [답]

2 [답]

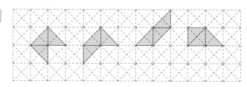

3 [답]

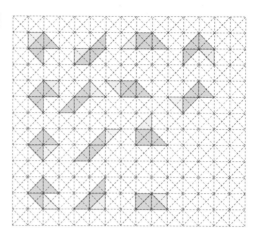

확인문제

1 [답]

유형 08-2　서로 다른 도형 붙이기　　P.72~p.73

1 [답]

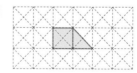

2 [답]

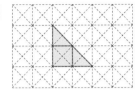

3 [답]

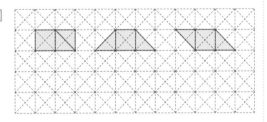

2 ㉠, ㉣ ◻ : 마름모, 직사각형

ㄴ ◺ : 직각이등변삼각형

ㄹ ◺◺ : 사다리꼴

ㅂ ▱ : 평행사변형

ㅅ : 오각형

ㅇ : 육각형

[답] ㉢

3 [답]

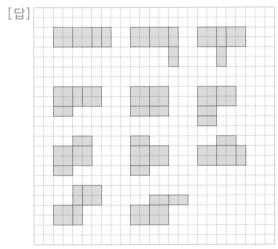

1 [답]

2 [답]

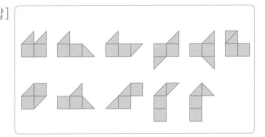

3 [답]

09 색종이 접기와 겹치기   P.76~p.77

예제 [답] ①

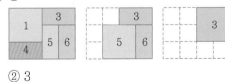

② 3

유제 가장 위에 놓인 색종이는 4이므로 4부터 차례로 한 장씩 빼냅니다.

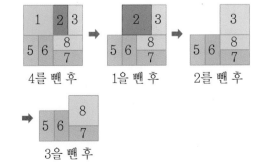

4를 뺀 후   1을 뺀 후   2를 뺀 후

3을 뺀 후

창의사고력 다지기   P.74~p.75

1 [답]

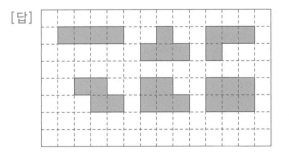

따라서 위에서 다섯째 번에 놓인 색종이는 8입니다.

[답] 8번

예제 [답]

,

유제 잘라내고 남은 색종이를 차례로 펼쳐 보면 다음과 같습니다.

[답] 풀이 참조

유형 09-1 직사각형의 종이를 접은 모양 P.78~p.79

1 [답]

가   나   다   라

2

가   나   다   라

[답] 가, 다, 라

확인문제

1

ㄱ   ㄴ   ㄷ

ㄹ   ㅁ   ㅂ

[답] ㄷ, ㄹ

2

 →

2번 : 2가지   3번 : 2가지   4번 : 3가지

[답] 3가지

유형 09-2 색종이를 접어 자르고 펼친 모양 P.80~p.81

1 [답]

,

2 [답]

,

3 [답]

확인문제

1

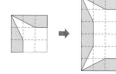

[답]

2

[답]

1 가장 위에 놓인 색종이부터 차례로 한 장씩 빼내어 봅니다.

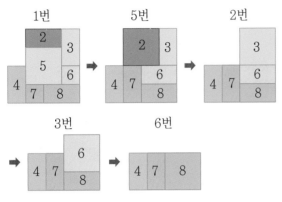

따라서 색종이가 겹쳐진 순서는 맨 위에 부터
$1 \rightarrow 5 \rightarrow 2 \rightarrow 3 \rightarrow 6 \rightarrow 8 \rightarrow 7 \rightarrow 4$ 입니다.

[답] 1, 5, 2, 3, 6, 8, 7, 4

2

주어진 모양을 포함하는 정삼각형을 그려보면 한 번 접어서 만들 수 있는 모양은

ㄱ, ㄷ, ㄹ, ㅂ 입니다.

[답] ㄱ, ㄷ, ㄹ, ㅂ

3 주어진 모양을 차례로 접어 가면서 마지막 모양과
비교해 보면   모양의 무늬는   입니다.

[답]

4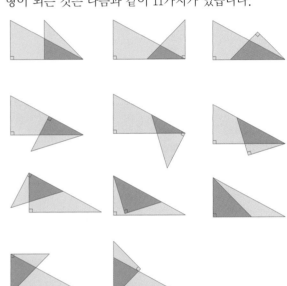

면서 붙여서 모양을 살펴보면 겹쳐지는 부분이 삼각형이 되는 것은 다음과 같이 11가지가 있습니다.

[답] 11가지

Ⅳ 규칙과 문제해결력

10 도형의 개수 규칙　　　　　　P.86~p.87

예제 　[답] ① 5, 4　　② 5, 4　　③ 41

- - - - - - - - - - - - - - - - -

예제 　[답] ①

바둑돌의 개수 ＼ 단계	첫째 번	둘째 번	셋째 번	넷째 번	…
흰 바둑돌	4(2×2)	9(3×3)	16(4×4)	25(5×5)	…
검은 바둑돌	1(1×1)	4(2×2)	9(3×3)	16(4×4)	…
개수의 차	3	5	7	9	…

② 5, 7, 9, 2　　③ 11, 13

유형 10-1 일정하게 증가하는 규칙　　P.88~p.89

1 [답]

	첫째 번	둘째 번	셋째 번	넷째 번	다섯째 번
도막의 수 (개)	4	7	10	13	16

2 [답] 3도막

3 (■번 잘랐을 때 실의 도막의 수)=4+3×(■−1)

[답] 4, 3

4 (10번 잘랐을 때 실의 도막의 수)
　=4+3×(10−1)=31(도막)

[답] 31도막

확인문제

1 각 단계별로 표로 나타내면 다음과 같습니다.

	한 번	두 번	세 번	네 번	다섯 번	…
도막의 수 (도막)	5	9	13	17	21	…

+4　+4　+4　+4

따라서 10번 자르면 실은 5+4×(10−1)=41(도막)으로 나누어집니다.

[답] 41도막

2 정육면체 모양 한 개를 만드는데 필요한 성냥개비는 9개입니다. 또, 정육면체를 한 개씩 더 만들 때마다 성냥개비는 5개씩 더 필요합니다. 따라서 정육면체 10개를 만들려면 성냥개비 9+5×(10−1)=54(개)가 필요합니다.

[답] 54개

유형 10-2 돌의 개수의 차　　　　P.90~p.91

1 [답]

	둘째 번	넷째 번	여섯째 번	여덟째 번	…
검은 돌(개)	2	6	12	20	…
흰 돌(개)	1	4	9	16	…
흰 돌과 검은 돌의 차	1	2	3	4	…

2 검은 돌이 둘째 줄까지는 1개 더 많고, 넷째 줄까지는 2개, 여섯째 줄까지는 3개 더 많습니다. 규칙에 따라 여덟째 줄까지는 4개가 더 많고, 열째 줄까지 돌을 놓으면 검은 돌이 5개 더 많아집니다.

[답] 검은 돌이 5개 더 많습니다.

3 돌을 □째 줄까지 놓을 때, 검은 돌이 □÷2만큼 더 많으므로 20째 번 줄까지 돌을 놓으면 검은 돌이 10개 더 많아집니다.

[답] 검은 돌이 10개 더 많습니다.

확인문제

1 각 단계마다 흰색 바둑돌과 검은색 바둑돌의 개수와 그 차이를 표로 나타내면 다음과 같습니다.

	첫째 번	둘째 번	셋째 번	넷째 번	
검은 바둑돌(개)	4	6	8	10	…
흰 바둑돌(개)	1	2	3	4	…
개수의 차	3	4	5	6	…

□째 번의 바둑돌의 개수의 차이는 □+2입니다.

따라서 10째 번의 바둑돌의 개수의 차는
10+2=12(개)입니다.

[답] 12개

2 검은색, 흰색 바둑돌의 개수가 늘어나는 규칙을 각 각 찾아 표를 채우면 다음과 같습니다.

	첫째 번	둘째 번	셋째 번	넷째 번	다섯째 번
검은 바둑돌(개)	5	7 (5+2)	9 (5+2+2)	11 (5+2+2+2)	13 (5+2+2+2+2)
흰 바둑돌(개)	1	3 (1+2)	6 (1+2+3)	10 (1+2+3+4)	15 (1+2+3+4+5)

따라서 다섯째 번에서 처음으로 흰 바둑돌의 개수가 검은 바둑돌의 개수보다 많아집니다.

[답] 다섯째 번

창의사고력 다지기   P.92~p.93

1 식탁을 그림과 같이 붙이면 양끝의 식탁에는 2명씩 앉을 수 있습니다. 또, 안쪽의 각 식탁에는 1명씩 앉을 수 있습니다. 따라서 양끝의 식탁에 앉을 수 있는 4명을 제외한 12명이 더 앉기 위해서는 가운데 12개의 식탁을 더 붙여야 하므로 모두 14개의 식탁이 필요합니다.

[답] 14개

2 ㅌ자 모양은 첫째 번, 둘째 번, 셋째 번, …에 각각 1+3, 1+3+3, 1+3+3+3, … 부분으로 나누어집니다. 따라서 여섯째 번에는 1+3+3+3+3+3+3=19(도막)으로 나누어집니다.

[답] 19도막

3 각 단계마다 흰색 바둑돌은 □×□(개), 검은색 바둑돌은 4×(□+1)(개) 놓입니다.
일곱째 번에는 흰색 바둑돌이 7×7=49(개) 놓이고, 검은색 바둑돌이 4×(7+1)=32(개)놓입니다.
따라서 일곱째 번에는 흰 색 바둑돌이 검은 색 바둑돌보다 17개 더 많습니다.

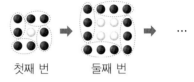

첫째 번   둘째 번

[답] 흰 바둑돌, 17개

4 1층, 2층, 3층, …으로 쌓기나무를 쌓으면
1, 1+2×2, 1+2×2+3×3, …의 개수만큼 쌓기나무가 필요합니다. 따라서 이와 같은 규칙으로 쌓기나무를 6층까지 쌓는다면
1+2×2+3×3+4×4+5×5+6×6=91(개)의 쌓기나무가 필요합니다.

[답] 91개

Ⅱ 시어핀스키 삼각형   P.94~p.95

예제 [답] ① 4, 9   ② 3, 3   ③ 7, 7, 49

유제 첫째 번, 둘째 번, 셋째 번 바둑돌의 개수를 곱으로 나타내면 각각 1×3, 2×4, 3×5입니다.
□째 번 바둑돌의 개수는 □×(□+2)이므로 다섯째 번에는 5×7=35(개)의 바둑돌이 놓입니다.

[답] 35개

예제 [답] ① 8   ② 8, 8, 64, 8, 512

유제 첫째 번, 둘째 번, 셋째 번, 넷째 번 모양에서 작은 정사각형의 개수는 각각 2개, 4개, 8개, 16개이므로 작은 정사각형의 개수는 전 단계의 2배로 늘어나는 것을 알 수 있습니다. 따라서 다섯째 번에는 16×2=32(개), 여섯째 번에는 32×2=64(개)의 작은 정사각형을 찾을 수 있습니다.

[답] 64개

유형 11-1 증가하는 개수 찾기 P.96~p.97

1 [답]

종류 \ 단계	1단계	2단계	3단계	4단계
□	1	4(2×2)	9(3×3)	16(4×4)
⊞	0	1(1×1)	4(2×2)	9(3×3)
田	0	0	1(1×1)	4(2×2)
囲	0	0	0	1(1×1)
계	1	5	14	30

2 1×1+2×2+3×3+4×4+5×5=55(개)

[답] 55개

3 7×7=49(개)

[답] 49개

확인문제

1 정사각형 종이를 두 부분으로 나누어 세어 보면 첫째 번, 둘째 번, 셋째 번에 각각 0×0+1×1=1(장), 1×1+2×2=5(장), 2×2+3×3=13(장)이 있습니다. 이와 같은 규칙에 따라 □째 번에는 (□−1)×(□−1)+□×□(장)이 있으므로 여섯째 번에는 5×5+6×6=61(장)이 있습니다.

[답] 61장

2 첫째 번, 둘째 번, 셋째 번, 넷째 번에 필요한 성냥개비의 개수를 식으로 나타내면 (1×2)×2, (2×3)×2, (3×4)×2, (4×5)×2입니다. 따라서 여섯째 번에 필요한 성냥개비의 개수는 (6×7)×2=84(개)입니다.

[답] 84개

유형 11-2 곱으로 늘어나는 규칙 P.98~p.99

1 [답] 9

2 [답]

3 [답]

	첫째 번	첫째 번	첫째 번	첫째 번
나뭇가지의 수 (개)	1	3	9	27

×3 ×3 ×3

4 27×3=81(개)

[답] 81개

확인문제

1 각 단계마다 각 선분은 4개의 선분으로 나누어집니다. 1단계의 1개의 선분이 2단계에서는 1×4=4(개)의 선분으로, 2단계의 4개의 선분이 3단계에서는 4×4=16(개)의 선분으로 나누어집니다. 따라서 4단계에는 4×4×4=64(개)의 선분이 생깁니다.

[답] 64개

2 첫째 번, 둘째 번, 셋째 번에는 각각 1개, 1+2=3(개), 1+2+2×2=7(개)의 원이 있습니다. 이와 같은 규칙을 이용하면 넷째 번에는 1+2+2×2+2×2×2=15(개)의 원이 생깁니다.

[답] 15개

창의사고력 다지기 P.100~p.101

1 첫째 번, 둘째 번, 셋째 번, 넷째 번의 계단 모양을 만드는 데 필요한 성냥개비의 개수는 각각 4개, 10개, 18개, 40개입니다. 이를 식으로 나타내어 보면 1×4, 2×5, 3×6, 4×7입니다. 즉, □째 번의 계단 모양을 만드는 데 필요한 성냥개비의 개수는 □×(□+3)(개)입니다. 따라서 여섯째 번의 계단 모양을 만드는 데는 6×9=54(개)의 성냥개비가 필요합니다.

[답] 54개

2 다음과 같이 두 부분으로 나누어 세어 보면 첫째 번, 둘째 번, 셋째 번, 넷째 번에는 각각
$(1 \times 1) \times 2 = 2$(송이), $(2 \times 2) \times 2 = 8$(송이), $(3 \times 3) \times 2 = 18$(송이), $(4 \times 4) \times 2 = 32$(송이)의 꽃이 놓이는 것을 알 수 있습니다.
따라서 다섯째 번에는 $(5 \times 5) \times 2 = 50$(송이)의 꽃이 놓입니다.

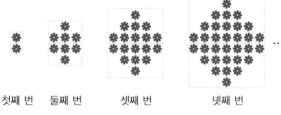

첫째 번 둘째 번 셋째 번 넷째 번

[답] 50송이

3 첫째 번, 둘째 번, 셋째 번, 넷째 번에 남아 있는 사각형의 개수는 각각 1개, 3개, 9개, 27개로 3배씩 늘어남을 알 수 있습니다. 따라서 다섯째 번에 남아 있는 사각형은 $27 \times 3 = 81$(개)입니다.

[답] 81개

4 첫째 번, 둘째 번, 셋째 번, 넷째 번에 놓여있는 바둑돌의 개수는 각각 1개, 5개, 13개, 25개입니다.
이것을 식으로 나타내면 $0 \times 0 + 1 \times 1$, $1 \times 1 + 2 \times 2$, $2 \times 2 + 3 \times 3$, $3 \times 3 + 4 \times 4$이므로 □째 번에는 $(□-1) \times (□-1) + □ \times □$(개)의 구슬이 놓입니다.
따라서 일곱째 번에 놓이는 구슬은
$6 \times 6 + 7 \times 7 = 85$(개)입니다.

[답] 85개

12 교점과 영역 P.102~p.103

[예제] [답] ① 0   ② 1   ③ 3, 예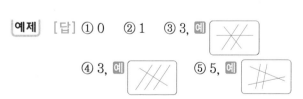
④ 3, 예 ⑤ 5, 예

[유제]

[답] 6개

[예제] [답] ① 4, 예 , 6, 7, 8, 예
② 8

유형 12-1 영역의 최대 개수 P.104~p.105

1 [답]

7, 11

2 [답]

직선의 개수	1	2	3	4	5	⋯
영역의 최대 개수	2	4	7	11	16	⋯

+2 +3 +4 +5

3 $2+2+3+4+5+6=22$이므로 최대 22개의 영역으로 나누어집니다.

[답] 22개

4 $2+2+3+4+5+6+7+8=37$이므로 최대 37개의 영역으로 나누어집니다.

[답] 37개

확인문제

1

➡3개   ➡6개

7개의 직선이 만나서 생기는 교점의 최대 개수는
$1+2+3+4+5+6=21$(개)입니다.

[답] 21개

2

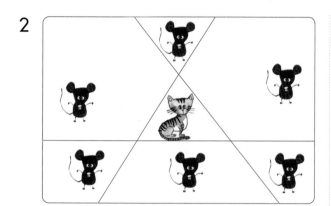

2

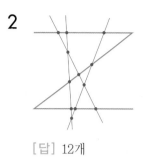

[답] 12개

유형 **12-2**   **원 3개의 교점의 개수**   P.106~p.107

1

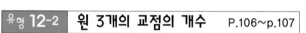

[답] 2개, 3개, 4개, 5개

2

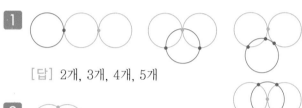

[답] 6개

3   [답] 2개, 3개, 4개, 5개, 6개

4

1개   2개   3개

4개   5개   6개

[답] 6가지

1

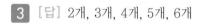

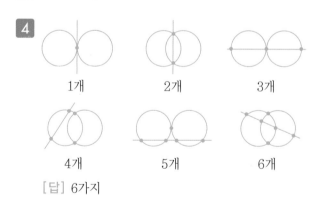

[답] 5번

2

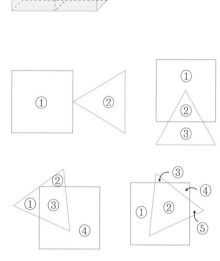

3

[답] 2개, 3개, 4개, 5개

확인문제

1   [답]

4

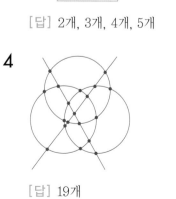

[답] 19개

V 측정

13 평면도형의 둘레　　P.112~p.113

예제　[답] ① 36　② 20　③ 16, 16, 48　④ 104

예제　[답] ① ① 15　② 9　③ 9　④ 6　⑤ 6
　　　　　　⑥ 3　⑦ 3　⑧ 3
　　　　　② 3, 12

유형 13-1　잘라 만든 직사각형의 둘레의 길이의 합　P.114~p.115

1　$100 \div 4 = 25$(cm)

　[답] 25cm

2　직사각형의 긴 변은 정사각형의 한 변의 길이와 같으므로 25cm입니다.

　[답] 25cm

3　직사각형의 짧은 변은 정사각형 한 변을 5개로 나눈 것 중 하나이므로 $25 \div 5 = 5$(cm)입니다.

　[답] 5cm

4　$(25+5) \times 2 = 60$(cm)

　[답] 60cm

5　정사각형의 한 변의 길이는 $60 \div 4 = 15$(cm)이므로 직사각형의 긴 변의 길이는 15cm, 짧은 변의 길이는 $15 \div 3 = 5$(cm)입니다. 따라서 직사각형 하나의 둘레의 길이는 $15+5+15+5=40$(cm)입니다.

　[답] 40cm

확인문제

1　직사각형의 짧은 변의 길이를 □라 할 때 직사각형의 긴 변의 길이는 $4 \times$□이므로 직사각형 하나의 둘레의 길이는 $10 \times$□입니다.
　$10 \times$□$=30$에서 □$=30 \div 10$, □$=3$(cm)이므로 정

사각형의 한 변의 길이는 $3 \times 4 = 12$(cm)이고, 둘레의 길이는 $12 \times 4 = 48$(cm)입니다.

　[답] 48cm

2　가로로 3번, 세로로 2번 잘랐으므로 가로와 같은 길이는 6개, 세로는 4개 더 만들어졌습니다.
　따라서 직사각형 12개의 둘레의 길이의 합은
　$12 \times 8 + 10 \times 6 = 156$(cm)입니다.

　[답] 156cm

유형 13-2　색종이를 이어 붙여 만든 도형의 둘레　P.116~p.117

1　[답]

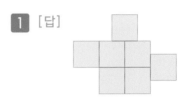

2　파란색으로 나타낸 변의 길이의 합은 $4 \times 4 = 16$(cm)이고, 초록색으로 나타낸 변의 길이의 합은 색종이 한 변의 길이의 3배와 같으므로 $4 \times 3 = 12$(cm)입니다.

　[답] 16cm, 12cm

3　나머지 변의 길이의 합은 색종이 한 변의 길이의 7배와 같으므로 $4 \times 7 = 28$(cm)입니다. 따라서 이 도형의 둘레의 길이는 $16+12+28=56$(cm)입니다.

　[답] 56cm

확인문제

1

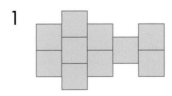

만든 모양의 둘레의 길이는 정사각형의 한 변의 길이인 3cm의 18배와 같으므로 따라서 $18 \times 3 = 54$(cm)입니다.

　[답] 54cm

2 정사각형의 네 변의 길이가 같고 도화지의 가로의 길이는 가장 큰 정사각형의 한 변의 길이의 2배입니다. 아래와 같이 번호 순서대로 변의 길이를 구하면 빗금친 정사각형의 둘레의 길이는 $5 \times 4 = 20$(cm)입니다.

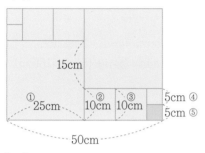

[답] 20cm

창의사고력 다지기

P.118~p.119

1

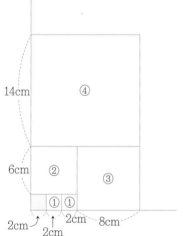

①번 정사각형의 한 변의 길이는 2cm, ②번 정사각형의 한 변의 길이는 6cm, ③번 정사각형의 한 변의 길이는 8cm, ④번 정사각형의 한 변의 길이는 14cm이므로 ⑤번 정사각형의 한 변의 길이는 ③, ④번 정사각형의 한 변의 길이를 더한 것과 같으므로 $8 + 14 = 22$(cm)입니다.
따라서 ⑤번 정사각형의 둘레의 길이는 $22 \times 4 = 88$(cm)입니다.

[답] 88cm

2

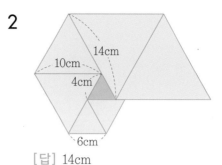

[답] 14cm

3 16개의 직사각형으로 나누면 가로와 세로가 각각 8개씩이고, 잘라낸 부분의 둘레의 길이는 가로와 세로를 2개씩 더한 것과 같습니다.
따라서 남아 있는 직사각형의 둘레의 길이는 $16 \times (8-2) + 14 \times (8-2) = 180$(cm)입니다.

[답] 180cm

4 남은 공간의 둘레의 길이는
(책상의 둘레의 길이)$+50 \times 2$와 같습니다.
책상이 가로의 길이는 $40+40+90 = 170$(cm)이고, 세로의 길이는 $50+80 = 130$(cm)이므로 둘레의 길이는 $(170+130) \times 2 + 100 = 700$(cm)입니다.

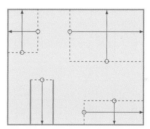

[답] 700cm

14 잴 수 있는 길이와 무게

P.120~p.121

예제 [답] ① 7   ② 10, 12   ③ 5, 6   ④ 11, 11

유제 막대 한 개로 잴 수 있는 길이는 1cm, 4cm, 5cm이고, 막대를 이어 붙여서 잴 수 있는 길이는 5cm, 6cm, 9cm, 10cm입니다.
막대를 겹치거나 이어 붙여서 잴 수 있는 길이는 8cm, 2cm, 1cm, 3cm, 4cm입니다. 따라서 잴 수 있는 길이는 1cm에서 10cm까지의 길이 중에서 7cm를 제외한 9가지입니다.

[답] 9가지

예제 [답] ① 6, 5, 6　② 1　④ 1

순서	그릇에 남아 있는 물의 양(L)	
	5L 그릇	6L 그릇
처음	0	0
①	0	6
②	5	1
③	0	1
④	1	0
⑤	1	6

유형 14-1　잴 수 있는 길이　P.122~p.123

1 $3-1=2$(cm)

[답] 2cm

2 ② $12-1-5=6$(cm)　③ $1+12+5=18$(cm)

④ $12+5-1=16$(cm)

[답] ② 6, ③ 18, ④ 16

3

길이(cm)	재는 방법	길이(cm)	재는 방법
1	1	11	$12-1=11$
2	$3-1=2$	12	12
3	3	13	$12+1=13$
4	$3+1=4$	14	$12+5-3=14$
5	5	15	$12+3=15$
6	$12-1-5=6$	16	$12+5-1=16$
7	$12-5=7$	17	$12+5=17$
8	$12+1-5=8$	18	$1+12+5=18$
9	$12-3=9$	19	잴 수 없음
10	$12+3-5=10$	20	$12+5+3=20$

4 [답] 19cm

확인문제

1 색 테이프 1개만 사용 : 1cm, 4cm, 6cm
색 테이프 2개 사용 : $1+4=5$(cm), $1+6=7$(cm),
$4+6=10$(cm), $4-1=3$(cm), $6-4=2$(cm),
$6-1=5$(cm)
색 테이프 3개 사용 : $6+4-1=9$(cm),
$1+4+6=11$(cm), $6+1-4=3$(cm),
$6-1-4=1$(cm)

따라서 색 테이프를 이용하여 잴 수 있는 길이는
1cm, 2cm, 3cm, 4cm, 5cm, 6cm, 7cm,
10cm, 11cm입니다.

[답] 1cm, 2cm, 3cm, 4cm, 5cm, 6cm,
9cm, 10cm, 11cm

2 ② $15-3-2=10$(cm)　③ $15-3=12$(cm)

④ $15+2-3=14$(cm)　⑤ $3+15-2=16$(cm)

[답] ①

유형 14-2　잴 수 있는 들이　P.124~p.125

1 [답]

순서	물병에 남아 있는 물의 양(L)		
	3L	4L	7L
①	0	0	7
②	3	0	4
③	0	4	4
④	3	1	4
⑤	0	1	4
⑥	0	0	5

2 [답]

순서	만드는 방법	물병에 남아 있는 물의 양(L)		
		3L	4L	7L
①	3L들이 물병에 물을 가득 채웁니다.	3	0	0
②	3L들이 물병에 물을 4L들이 물병에 전부 붓습니다.	0	3	0
③	3L들이 물병에 물을 가득 채웁니다.	3	3	0
④	3L들이 물병의 물을 4L들이 물병에 가득 붓습니다.	2	4	0
⑤	4L들이 물병의 물을 전부 버립니다.	2	0	0

확인문제

1 4L들이 물통을 가득 채운 물을 5L들이 물통에 전부 붓습니다. 그러면 5L들이 물통에는 4L의 물이 들어 있게 됩니다. 비어 있는 4L들이 물통에 다시 물을 가득 채운 후 5L들이 물통에 물이 가득 찰 만큼만 부으면 4L들이 물통에는 3L가 남아 있게 됩니다.

[답] 풀이 참조

2 2분짜리 모래시계와 5분짜리 모래시계를 동시에 뒤집은 후, 2분짜리 모래시계의 모래가 다 떨어지는 순간부터 시간을 재기 시작합니다.

이때, 5분짜리 모래시계에는 3분을 잴 수 있는 양의 모래만 남아 있게 되고, 이 모래가 다 내려오는 순간 5분짜리 모래시계를 다시 뒤집어서 다 떨어질 때까지 걸리는 시간을 재면 3+5=8(분)입니다.

[답] 풀이 참조

창의사고력 다지기　　　　P.126~p.127

1 눈금 사이의 간격이 2cm, 3cm, 3cm이므로 잴 수 있는 길이는 2cm, 3cm, 2+3=5(cm), 3+3=6(cm), 2+3+3=8(cm)입니다.

[답] 2cm, 3cm, 5cm, 6cm, 8cm

2 추를 양쪽 접시에 올려 놓는 경우 양쪽 접시에 놓인 추의 무게의 차만큼의 무게를 구할 수 있습니다.

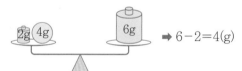 ➡ 6-2=4(g)

1g ➡ 3-2=1(g), 2g, 3g, 4g ➡ 6-2=4(g),
5g ➡ 2+3=5(g), 6g, 7g ➡ 6+3-2=7(g),
8g ➡ 2+6=8(g), 9g ➡ 3+6=9(g),
11g ➡ 2+3+6=11(g)
따라서 잴 수 있는 무게는 1g, 2g, 3g, 4g, 5g, 6g, 7g, 8g, 9g, 11g입니다.

[답] 1g, 2g, 3g, 4g, 5g, 6g, 7g, 8g, 9g, 11g

3 1m와 3m막대가 있으면 1m에서 4m까지의 길이를 잴 수 있고, 남은 6m를 이용하여 5m에서 10m까지의 길이를 모두 잴 수 있습니다.
1=1, 2=3-1, 3=3, 4=3+1, 5=6-1, 6=6,
7=6+1, 8=6+3-1, 9=6+3, 10=6+3+1
다른 방법으로는 1m, 2m, 7m의 막대를 이용할 수 있습니다.
1=1, 2=2, 3=1+2, 4=7-2-1, 5=7-2,
6=7-1, 7=7, 8=1+7, 9=2+7

[답] 1m, 3m, 6m 또는 1m, 2m, 7m

4 [답] 예

순서	주스의 양(L)		
	8L	5L	3L
처음	8	0	0
①	3	5	0
②	3	2	3
③	6	2	0
④	6	0	2
⑤	1	5	2
⑥	1	4	3
⑦	4	4	0

15 고장난 시계　　　　P.128~p.129

예제 [답] ① 2, 13, 15　　② 11, 9, 오후, 7

예제 [답] ①

	오늘	1일 후	2일 후	3일 후	4일 후	5일 후
실제 시각	12시	12시	12시	12시	12시	12시
고장난 시계	12시	12시 10분	12시 20분	12시 30분	12시 40분	12시 50분
두 시각의 차	0시	10분	20분	30분	40분	50분

② 12　　③ 12, 720, 72, 12

유제 하루에 4분씩 빨리 가는 시계가 12시간(=720분) 가는 데는 720÷4=180(일)걸립니다.

[답] 180일 후 낮 12시

유형 15-1 약속 시간　　　　P.130~p.131

1 버스는 매시 20분과 40분에 한 대씩 있고, 매직랜드까지 걸리는 시간은 1시간 10분, 수정이는 11시 이후에 집에서 나가므로 가능한 경우는 다음과 같습니다.

　　　버스 타는 시각　　　도착하는 시각
　　　12시 40분　　 －　　 1시 50분
　　　12시 20분　　 －　　 1시 30분
　　　11시 40분　　 －　　 12시 50분
　　　11시 20분　　 －　　 12시 30분

[답] 풀이 참조

2

정류장에서 만나기로 한 시각		버스 타는 시각		도착하는 시각
12시 30분	–	12시 40분	–	1시 50분
12시 10분	–	12시 20분	–	1시 30분
11시 30분	–	11시 40분	–	12시 50분
11시 10분	–	11시 20분	–	12시 30분

[답] 풀이 참조

3 [답] ④

확인문제

1 도착 시각이 오후 2시 40분, 출발 시각이 오전 11시 30분이므로 서울에서 부산까지 가는 데 걸린 시간은 3시간 10분입니다. 따라서 내일 오전 11시 20분까지 서울에 돌아오려면 적어도 3시간 10분 전인 8시 10분에 출발하는 기차를 타야 합니다.

[답] 오전 8시 10분

2 낮의 길이는 24시간−12시간 26분=11시간 34분입니다. 해가 진 시각은 (해가 뜬 시각)+(낮의 길이)이므로 6시 55분+11시간 34분=18시 29분입니다. 따라서 해가 지는 시각은 오후 6시 29분입니다.

[답] 오후 6시 29분

유형 15-2　빨리 가는 시계, 느리게 가는 시계　P.132~p.133

1 한 시간 후 빨리 가는 시계는 9시 7분을 가리키고, 느리게 가는 시계는 8시 57분을 가리키므로 두 시계가 가리키는 시각의 차는 3+7=10(분)입니다.

[답] 10분

2 하루는 24시간이므로 하루가 지난 후 두 시계가 가리키는 시각의 차는 24×10=240(분)입니다.

[답] 240분

3 12시간 차이가 날 때 처음으로 같은 시각을 가리키게 되므로 12×60=720(분)의 차이가 날 때입니다.

[답] 720분

4 720÷240=3(일)이므로 4월 1일 오전 8시에서 3일이 지난 4월 4일 오전 8시입니다.

[답] 4월 4일 오전 8시

5 한 시간 후 두 시계가 가리키는 시각은 1+4=5(분) 차이가 납니다. 따라서 하루에 24×5=120(분) 차이가 나게 됩니다. 두 시계가 처음으로 같은 시각을 가리키려면 12시간, 즉 720분 차이가 나야 하므로 720÷120=6(일)이 지나야 합니다.

[답] 6일 후

확인문제

1 오늘 오후 6시와 다음 날 오후 2시까지는 20시간입니다. 고장난 시계는 한 시간에 5분씩 느려지므로 20시간 후에는 20×5=100(분) 느려집니다. 100분=1시간 40분이므로 고장난 시계가 가리키는 시각은 오후 2시에서 1시간 40분 전인 12시 20분입니다.

[답] 오후 12시 20분

2 하루에 7분씩 빨라지는 윤미네 시계와 하루에 2분씩 느려지는 정준이네 시계는 하루에 2+7=9(분)씩 차이가 납니다. 10월 6일 오후 3시에서 7일이 지나면 10월 13일 오후 3시가 되므로 9×7=63(분) 차이가 납니다.

[답] 63분

창의사고력 다지기　P.134~p.135

1

색칠한 부분의 합은
24시간−1시간 24분=22시간 36분이므로
밤의 길이는 22시간 36분÷2=11시간 18분이고,
낮의 길이는
11시간 18분+1시간 24분=12시간 42분입니다.
해가 진 시각−낮의 길이=해가 뜬 시각이므로
18시 48분−12시간 42분=6시 6분입니다.

[답] 오전 6시 6분

2 자명종 시계는 한 시간에 2분씩 빨라지므로 하루에는 24×2=48(분)씩 빨라집니다. 손목시계는 6시간에 6분씩 느려지므로 한 시간에 1분, 즉 하루에는 24분씩 느려집니다.
두 시계가 가리키는 시각은 하루에 48+24=72(분) 차이가 납니다.
두 시계가 같은 시각을 가리키려면 12시간 차이가 나야하므로 720÷72=10(일 후)입니다.

[답] 10일 후

3 도쿄가 베이징보다 45분 빠르다고 했으므로 45분 차이가 나는 시계를 찾으면 ⓒ과 ⓔ입니다. ⓒ과 ⓔ 중에서 도쿄가 45분 빠르므로 ⓒ과 ⓔ 중에서 ⓒ이 도쿄이고, ⓔ이 베이징입니다. 또한, 나폴리는 도쿄보다 5시간 5분 느리므로 3시를 가리키고 있는 ⓑ이고, 카이로는 이보다 35분 느리므로 2시 25분을 가리키고 있는 ⓐ입니다.

[답] ⓐ 카이로 ⓑ 나폴리 ⓒ 도쿄 ⓔ 베이징

4 오후 4시와 다음 날 낮 12시는 20시간의 차이가 납니다. 낮 12시에 시계를 보았을 때 오후 2시 40분을 가리키고 있었으므로 20시간 동안에 2시간 40분 빨라진 것입니다.
따라서 20시간 동안 120+40=160(분) 빨라진 것이므로 1시간에는 160÷20=8(분)씩 빨라집니다.

[답] 8분

Memo

논리적 사고력과 창의적 문제해결력을 키워 주는
매스티안 교재 활용법!

대상	창의사고력 교재		연산 교재
	팩토슐레 시리즈	팩토 시리즈	원리 연산 소마셈
4~5세	팩토슐레 Math Lv.1 (6권)		
5~6세	팩토슐레 Math Lv.2 (6권)	킨더팩토 A 킨더팩토 B 킨더팩토 C 킨더팩토 D	소마셈 K시리즈 K1~K8
6~7세	팩토슐레 Math Lv.3 (6권)		
7세~초1		키즈 원리A , 탐구A 키즈 원리B, 탐구B 키즈 원리C, 탐구C	소마셈 P시리즈 P1~P8
초1~2		Lv.1 원리A, 탐구A Lv.1 원리B, 탐구B Lv.1 원리C, 탐구C	소마셈 A시리즈 A1~A8
초2~3		Lv.2 원리A, 탐구A Lv.2 원리B, 탐구B Lv.2 원리C, 탐구C	소마셈 B시리즈 B1~B8
초3~4		Lv.3 원리A, 탐구A Lv.3 원리B, 탐구B Lv.3 원리C, 탐구C	소마셈 C시리즈 C1~C8
초4~5		Lv.4 기본A, 실전A Lv.4 기본B, 실전B	소마셈 D시리즈 D1~D6
초5~6		Lv.5 기본A, 실전A Lv.5 기본B, 실전B	
초6~		Lv.6 기본A, 실전A Lv.6 기본B, 실전B	